集英社

東京　二〇一九年

女主人がひとりで切り盛りするその店は、開け放った入口の扉に代えて、丈が長くて生地の薄い暖簾を下げている。誰が触れるわけでもないのに、通り過ぎるクルマの勢いが地階まで風を運ぶのか、浴衣の裾がひらひらなびくように暖簾が風に舞っていた。歩けば駅から五分の距離にある一画は商店街と住宅街をつなぐ緩衝地帯で、飲食業を営むのに適した立地かどうかの判断は難しかったかもしれない。二〇分で一〇〇円という格安のコインパーキングと整骨院の向いにある白い三階建ての横幅は六メートルほどでしかなく、一階はラーメン屋で、入り口横のまわり階段を降りた先に、女主人が一年半前に開いた店はある。彼女の名を逆さまにして名付けた『おりか家』である。

先入観が決めてかかっていたのは狭い店内だったが、暖簾をくぐると、思いのほかの広さに、まず驚いた。厨房まで勘定に含めれば、たとえるならバドミントンのコートくらいはあるだろうか。そこに用意された木目のテーブルは四卓しかなくて、あとは横一列に六人が座るカウンター。店内にありあまるこの空間でなら、奥の壁に張り付けるようにして設置されたひかりTVの映像を流す六〇インチのモニターの前で、酔客が踊りだしたとしても誰の邪魔にもなりはしないだろう。食事どころと聞いていたが、横長の三段の棚に、二階堂や閻魔、いいちこ、といったいくつもの銘柄の焼酎と日本酒が一銘柄、それに混じって何本かのサントリーの角瓶が、どれも常連客の名入りの札を下げてキープされている。近所にはタクシー会社があって、明け番の運転手たちが、早朝から営業しているこの店にやってくることもある。キープされたボトルの何本かは、その運転手たちのものだった。ひかりＴＶは北の演歌大全集を流していて、スピーカーからは『石狩挽歌』が聞こえていた。

ランチメニューから私が選んだ一品を運んできた女主人が、バッグから取りだした黒革の財布をカウンターの上に無造作に置いた。使い込んだ年月が、そうと気づかせずに薄皮をまだらに剝いでいつの間にか元の色を失わせるのが常だとすれば、三つ折りのそれが重ねた年季は三年や五年ではきくまい。新宿の小田急百貨店のセール品の籠から選びだしたもので、革の上から花柄の小さな刺繡を施してある。内側の布にも同じ図柄が描かれていて、そこが気に入って衝動買いしたという一万五〇〇〇円の財布である。「それで？」とでも言いたげな顔を私に向けた女主人が、私が語りだした新人タクシー運転手の小さな物語に耳を傾けたのは、「一万五〇〇〇円は、当時の私には大金でした」と付け加えてからだった。

右折すれば「犬吠埼《いぬぼうざき》」と記された道路標識を何キロか手前で通りすぎ、住宅街を抜けた県道の左右は真っ暗闇で、おそらく田畑が広がっているのだろうとは想像がついた。道案内のカーナビが右折を指示したのは、その暗闇の先である。

曲がったとたん道はいきなり狭くなり、クルマ一台がやっと通れる程度の路地に変わった。画面に五〇メートルほど先の踏み切りが映り、真横にあるのが目的のキミガハマエキだと表示していた。遮断機こそあるものの、踏み切りといっても狭い路地を幅一メートルほどの単線の軌道敷が横切っているだけで、そこを通過すると道はすぐに左に折れ、ガイドが終わった。タクシー運転手に転職して日の浅い彼が、カーナビの案内を頼りに銚子電鉄の君ヶ浜駅前に辿り着いたのは、すでに日付が三月四日に変わった午前三時ちょうどのことである。

ヘッドライトを消したとたん、周囲の真っ暗闇のなかにメーターパネルの灯と料金メーターが表示する尋常じゃないタクシー代〈40170円〉が鮮やかに浮かび上がる。思いのほかの暗さにびっくりし、あわててヘッドライトを点灯すると、照らしだされたのは、トタン張りの、畳の大きさにたとえるなら二畳ほどの屋根に覆われたCoca-Colaのロゴが縦書きの赤い自動販売機と、背もたれにヒゲタ醤油のロゴが入ったベンチ、その間に挟まれるようにして置いてある犬小屋みたいな箱だった。それが犬小屋でないのはすぐにわかった。なかの方がごそごそと動いたと思ったら現れて大あくびをしたのは図体のでかい茶トラの猫で、突然のヘッドライトで目が覚めちまったじゃないか、とでも言ってそうな顔をこっちに向けた。〝ねこ駅長〟が浮かんだ。

路地の右手にはコンクリートの塀があり、どうやら民家らしいが、あたりは真っ暗で、本当にそうなのかはわからない。この狭い道をあと二〇〇メートルも進めば松林に至り、そこを抜けた先が鹿島灘の君ヶ浜で、浜に沿って通るのは県道二五四号線だとカーナビが示している。ためしに縮尺を〈拡大〉にしてみると、いま、自分がいる場所を俯瞰で見る格好になり、関東平野の東の端、九十九里浜と鹿島灘が交わる頂点、銚子の外れの犬吠埼のすぐ横に現在地を示す赤い三角印が表示された。

どう考えたっておかしい。

「本当にここでいいんだろうか」

「見当違いの場所にきてしまったのかもしれない」

小さな不安がよぎったとたん、初対面の自分に「タクシーの運転手に向いてないよ」と、洗車しながらぶっきらぼうに言った先輩運転手の言葉が、どうしたわけだか何度も何度も脳裏に浮かんできた。暗闇のなかで不安が膨らんでいく。

丸の内からずっと眠ったままだった乗客がいつの間にやら目を覚ましていた。何も見えない窓の外を黙って凝視し、こんどは首をひねるようにして、リアウインドウの、やはり何も見えない向こうに視線を向け、そして向き直ると、どうなってるんだ、みたいな顔をしてすっとんきょうな声を上げた。

「ここ、どこッ?!」

「タクシーの運転手に向いてないよ」

先輩運転手の言葉が、また浮かんだ。

乗客がしきりに何か言っている。

「運転手さん、ここ、いったいどこなのッ」

「ケミガワハマの駅前までって、俺、ちゃんと言ったよねッ」

カウンターに両肘をつけ、頬杖をついた姿勢をいちども崩さないまま、女主人は新人運転手の失敗談の一部始終を聞き終えると、私の手許にあったグラスを引き寄せ、透明な、しかし、いっぱいに入った氷で水滴の汗を流すウォーターピッチャーで水を注ぐのだった。

タクシー運転手の物語からは、背負ったまま降ろせずにいる彼や彼女の過去が透けて見えると誰かが言った。タクシー運転手に転職した理由は、転職した運転手の数だけあって、千や二千をはるかに超えるそのいくつかだけでも集め並べてみれば、そこに映っているのは、世の移り変わりと人の姿だ、と。

「運転手さんの物語って……」

女主人は、言いかけて黒革の財布に手を置いた。

目次

一章

オイルショックと京都の恋

京都　一九七三年〜一九七四年

三条大橋西詰

一九七三年一一月一五日

みやびさんにしてみれば河原町三条《かわらまちさんじょう》から粟田口《あわたぐち》まで二キロ足らずの距離を乗っているのはさぞ居心地が悪い時間だったろうが、それは俺にしたって同じだ。男と連れ立ってホテルに行くのにタクシーを捕まえたまではいいが、運転手がよりによって俺だなんて、お互い考えたくもない偶然だった。

信号待ちをしていたときに男が後ろの窓をトントンと叩き、ドアを開けたら、彼は「早よ」と誰かを呼び、自販機でタバコを買っていた女が小走りで寄ってきた姿は俺の視野の端っこに入ったけれど、顔は見ていない。「おおきに」と言いながら女がクルマに乗り、閉めますよと声をかけて振り返ったら、みやびさんだった。瞬間、表情が引きつったようになったのは彼女で、察した俺は知らん顔を決め込んだ。男は「粟田口」とだけ言い、聞いた俺は黙って頷き、そういう態度はいつもといっしょでも、このときばかりは、内心、穏やかではいられなかった。夜中にタクシーに乗った男女が行き先を粟田口と言ったら、それは粟田口を北に入ったホテル街までという意味だと客も運転手も承知している。

一か月くらい前のことだ。高島屋の紙袋を下げた若い女の客は今出川智恵光院《いまでがわちえこういん》までと目的地を告げ、はじめのうちは黙ったままだったが、ハンドルを膝で押さえながら着ていたジャンパーを脱ぎだした俺に「サーカスみたいやな」と声をかけた。「危なっかしい運転せんといて」と言いたいところを遠回しの京都流かと舌打ちしそうになり、そこに、親しげな口調で「わからへんの、うちのこと」が続き、身を乗りだすようにして話す女の姿がミラーに映った。誰だっけ。思ったが口にはださず、堀川丸太町《ほりかわまるたまち》の信号で止まったときに顔を見て、やっとわかった。西木《にしき》屋町《やまち》の六角を下った角に『雅』というバーがあって、店の前でいつも客引きをしている髪の長い女だ。ここのところ夜中の客がめっきり少なくなったのは飲み屋もタクシーもいっしょで、最近の俺は、客を探すのに木屋町から西木屋町、そこから路地を西に入って河原町通りへというルートを流している。一晩に二度も三度も同じ道を走っていれば、客引きの女と俺が互いの顔を見覚えるまでに時間はたいしてかからない。初めのうちは会釈をするだけだった。時間にしたら、せいぜい五秒か、長くても一〇秒はないけれど、気づくと、そのわずかな時間のために路地を通るようになっていた。五秒か一〇秒、ずっと視線を合わせるようになった。それが嬉しかった。彼女の姿がそこにないと、空車のまま、また路地に戻った。「サーカスみたいやな」と声をかけてきたのは、その女だった。名前は知らないが、店が雅だから、とりあえず「みやびさん」と呼んだ。あの日からこっち、彼女と俺はよく話をするようになり、仕事終わりに三条木屋町のうどん屋にいっしょに行ったことが何度かあった。本名は由里絵だと後になって聞いたが、俺はいまでも「みやびさん」で通している。二一の俺より六つか七つ年上のみやびさん。その彼女が、男とホテルに行くのに俺のクルマに乗り合わせた。河原町三条から粟田口まで二キロ弱、五分もあれば着く距離だが、わずか五分は、吐き気を覚えるほど胸を締めつけて鳴り続ける鼓動と気まずさに占領された五分だった。二人を三条通りで降ろすつもりだったのに、男は左に曲がってくれと言い、ホテルのネオンがにぎやかな一筋目の角で「ここでええわ」と言った。俺の心臓がどっくんどっくんと大声で叫びはじめた。男と並んでホテル街を歩きだしたみやびさんが一度だけ振り返り、ほんの一瞬、俺と目が合った。

三条《さんじょう》大橋《おおはし》西詰《にしづめ》の路肩にクルマを止め、大きくため息をついてから残しておいたハイライトの最後の一本に火をつけ、空になったパッケージをクシャッと握りつぶしたのは、それから二〇分後のことである。ふ〜っ、と吹いた煙は半透明の白い風船の形を大きくしながら前に進み、その勢いがなくなったとたん宙に向かい霧散していった。


一時半を過ぎたばかりだった。

カーステレオにカセットを押し込むと、ロバート・ジョンソンがギターを弾きながら歌うけだるい声が流れてくる。ミシシッピのクロスロードで悪魔と契約を交わし、ギターの腕前を手に入れる代償として自分の魂を売り渡した、そんな伝説を残すブルースマンだと何かで読んだことがある。他人の女房に手をだし、ウィスキーに毒を盛られて二七歳でこの世を去ったという彼が歌う『ＳＷＥＥＴ　ＨＯＭＥ　ＣＨＩＣＡＧＯ』だ。

本当なら明け方近くまであと二〜三時間は仕事をしているところだが、近ごろのタクシーはすっかり早仕舞いになった。考えてみれば、ため息が多くなったのも、ちょうど同じ頃からだった。

この時間になると、うちの会社のクルマに限らず山科《やましな》に営業所があるタクシーが三条大橋の西詰に空車で集まってくる。いつから始まった決め事か誰かに尋ねたこともないけれど、深夜から明け方にかけて北側の路肩で付け待ちしている空車のタクシーは、どうせ仕事を終えて入庫するなら山科方面への客を乗せて帰りたいと考え、客もそれを知っているものだから、わざわざここまで歩いてきてくれる。客にも運転手にもずいぶん便利な暗黙の了解事だと思う。かくいう俺も、その日の最後の客を待つためにクルマを止めていた。ここで止まると、それまで点けていたラジオを消してロバート・ジョンソンに代えるのは仕事終わりの儀式のようなもので、すると、頭の隅に三条大橋制札事件[*1]が浮かんでくるのもいつものことだった。近くには、池田屋事件の、あの池田屋の跡もあり、三条大橋の欄干の擬宝珠にはそのときの切り合いでついたと伝わる刀傷が残っているとも聞いた。それなのに、有名な池田屋事件ではなく制札事件の方が浮かんでくるのはどうしたことだろう。京都にはタクシー運転手が一万人くらいはいるが、そのうち、幕末期に起こったこの事件の概要だけでも観光客に話ができるのは、果たしてどれほどいるだろうかと考えることがある。一〇人に一人か二人、いや、いかに京都のタクシー運転手といえど、もっと少ないかもしれない。にもかかわらず、誰かに教わったのか、それとも何かの本を読んだから知っているのか、それすら記憶があやふやなのに、しかも、京都の歴史を観光客に問われても、その、いろはすら満足に答えられない新米タクシー運転手だというのに、三条大橋制札事件をそらで言えてしまうのが我ながら不思議でしょうがない。

百年と少し前に制札場があった三条大橋の西詰に、頭を東に向けた空車のタクシーが四台並んだ。橋の東詰にある交差点の向こう側に三階建てくらいの建物があって、その壁に、三枚の大きな写真がこっち向きに掲げてあるのがタクシーを止めた位置からは夜目にも見える。等身大の二倍くらいはありそうな写真は、二軒隣にあるナイトクラブ、ベラミに出演予定の歌手たちで、伊勢功一と欧陽菲菲、あと一枚が誰なのか、街灯の光のかげんで写真が真っ黒だから確認はできなかった。

並んだ空車の花番はうちのクルマで、トランクの端に「71」と号車番号を記してあるから乗っているのは谷津真一《やつしんいち》さんだ。まだ三五歳くらいなのにタクシー稼業に入って一〇年以上が経つ谷津さん、しばらく前までの俺の相勤で、いけないことでは、たとえばタクシーチケットを不正に使って小金を手にする方法とかエントツ行為の極意とかを聞いてもいないのに教えてくれたり、あるいは「空車のときは前を走っとる空車を抜かしたらあかんで」といった類の、いくつもの不文律を新米の俺に指南してくれた先輩でもある。二番手は洛東タクシー、三台目が俺、後ろには畑野義人《はたのよしひと》が続いている。畑野は、俺が入ってくるまでうちの会社の最年少運転手だった。俺とは歳がひとつしか違わないくせに、やつは東野にできた新しいマンションで、二五だか六の、東山三条あたりにあるスナックのホステスと暮らしている。どっちも夜の仕事（畑野は夜勤専門の運転手なのだ）をしている玄人だから互いにシンパシィを抱くのか、そこまではないにしても少なからず同業者意識みたいなものは確かにあって、タクシーに乗り合わせれば運転手とホステスは当たり前のように親しく話す。畑野たちの馴れ初めもそうだったと聞いた。かつての相勤、谷津さんと、同年代の畑野。ふたりと俺にはそういうつながりがあるものだから、二〇〇人ほどもいるうちの会社の運転手のなかで、俺は、このふたりとはよく話すようになり、すると、いつの間にか仕事のペースも似てきて、休憩に立ち寄る喫茶店だけでなく、出庫時間や帰庫時間まで同じようになっていた。

木屋町も河原町通りも歩いている人の姿はまばらだったから、この調子だと客を積むまで三〇分くらいは待つことになるかもしれない。ところが思いのほか流れがよくて、たて続けに前の二台が客を乗せて走りだしたものだからすぐに花番がまわってきた。

その男が乗り込んできたのが何時だったか正確には覚えていないが、まだ二時になっていなかったのは間違いない。カーステレオを止めラジオを点けると、二時が放送終了の深夜のリクエスト番組がザ・ナターシャー・セブンの『春を待つ少女。』を流し、次の曲はディープ・パープルの『ＢＬＡＣＫ ＮＩＧＨＴ』だと言っていた。

珉珉の前でタバコに火をつけた男が小走りで三条通りを渡り、こっちを見ながら人さし指を向けた。「わし、乗るで」の意思表示である。

「山科やけど」

黒い革ジャンに白いマフラー、深めにかぶった阪神タイガースの帽子という身なりは、本気か洒落かの境界線で揺れてそうなセンスで、歳の頃は四〇前後といったところだろうか。男は「山科やけど」と目的地を告げて乗り込み、俺は「おおきに」が言い終わらないうちにドアを閉めた。それと同時に後ろの畑野がクラクションを鳴らしたから、俺も短く鳴らして返した。

ついさっき、男連れのみやびさんを乗せて通った三条通りを走りだしたとたん、ホテル街を歩きながら振り返って俺と視線を合わせたみやびさんの顔が浮かび、やっと静かになったばかりの胸の大声が、また高鳴りだす。

「四宮《しのみや》の信号の少し先までたのんますわ」

四宮の信号なら願ってもない。うちの会社のすぐ横だ。

会社は信号の少し先、三条通りに面していて、ちょうど車庫の出入口あたりが三条通と名神高速道路・京都東インターチェンジの分岐点になっている。真ん中の車線を直進するとその先はすぐに名神の入口で、三条通りを道なりに走れば、ほんの数百メートルほどで滋賀県、かつての東海道の雰囲気をいまも残す追分である。左右を山に囲まれて、そこを縫うようにして通る国道一号線の、いくつもの歌に詠まれた逢坂関《おうさかのせき》を越えれば大津の市街地はもうすぐそこだ。

つまり、うちの会社がある四宮は京都市のもっとも東に位置しているという意味で、京阪電車・京津線の四宮は京都の東の外れの駅なのである。三条大橋から四宮の信号までの距離はぴったり六キロ。粟田口を過ぎて都ホテルのあたりまでは基本料金の一五〇円[*2]のままで、その先、京阪電車・京津線の蹴上《けあげ》の停留所をかすめながら最初のメーターがパチンと上がって一八〇円に。毎日のことだから爾後メーターが上がる位置まで覚えてしまった。三条通りの四宮の交差点までだと料金は三六〇円か、信号の具合で三九〇円、深夜割増だと四二〇円か四五〇円になる。

「まだ一二月にもなってへんのに雪でも降るんとちゃいますの」と、数日来の寒さを口にしたその男が「山村が」と始めたのは、東山三条の交差点で市電の軌道敷をがたがたと踏んだときだった。みやびさんが見せた困り顔が、脳裏から消えた。

また山村の話かよ。ここ一か月ばかり、深夜の酔客ときたらタクシーに乗るなり決まって「山村」と「滋賀銀行」を口にし、そうでなければトイレットペーパー問題だ。

銀行の預金係だった山村彩香が預金伝票の偽造を繰り返し、六年間にわたって四億八〇〇〇万円をだまし取った滋賀銀行事件。[*3]その金のほとんどを年下の男に貢いでいたらしいが、相手の男というのは京都市内のタクシー運転手で歳は二五。ご丁寧に山村が勤務していたのが山科支店だったものだから、酔客たちは、自分が乗ったタクシーが山科のクルマで、しかも貢がれ男と同年代の若いタクシー運転手と知るや「山村彩香、捕まったんやなぁ」と始まるわけである。

「山村みたいの、いてはらへんの」

「いたらタクシー運転手なんてやってませんよ」

ここのところ、似たような会話を何べんも繰り返している。山村彩香が大阪で捕まったのが一〇月二一日。あれから一か月近くも経つというのに、いかにもスキャンダラスな事件だったせいかいつまでも続報が流れ、そのたびに客の側は気の利いた冗談のつもりか同じことを言い、言われた俺は面倒くさそうに同じ言葉を返していた。

「あのタクシー運転手、どこの会社やったかいな」

「さぁ、わかりません」

いつもどおり「わかりません」と答えたが、本当は知っていた。嘘かまことか、貢がれ男が八光タクシーの運転手だったというのは仲間うちでは有名な話だ。

「山村、大阪で安アパートに潜伏しとったらしいやないですか。新聞にでとったけど、わかっとるだけで四億八〇〇〇万円で、ほかにもあるかもしれへんて……」

どう見たって運転手の方がはるかに年下なのに、男の言葉づかいは年長者に対するそれのように丁寧で、しかも、ずいぶん親しげに話し続けた。そして、とにかくお喋りな男だった。

「今日は、ようけ水揚げやらはった?」

「いや、いつもと変わりませんよ」

「運転手さんはジプシーしはらへんのですか」

しばらく前の京都新聞・夕刊が、二〇万円ほどになる失業保険の就職支度金[*4]を目当てに半年ごとにタクシー会社を転々とする運転手を「ジプシー」と書いたことがある。うちの会社にも何人かいるらしいが、というか、谷津さんもジプシー運転手のひとりだと当の本人から聞いた。男は、俺も支度金目当てに会社を移るのかと尋ねたのだ。

「いや、俺はいまの会社から動くつもりはないです」

そう答えると、それまで身を乗りだすような格好で喋っていた男は「ふ～ん」とつまらなそうに返し、後ろに倒れ込むような勢いでシートにもたれかかったと思ったら、急にぶっきらぼうな口調になって「四宮の信号、右や」と指示した。三条大橋で乗り込んだとき、確か「四宮の信号の少し先」と言ったはずだがとは思ったけれど、黙ったまま頷いた。

ちょっと前までなら、山科の端や滋賀県へ客を運んだ戻りの空車が赤ランプを光らせてひっきりなしに三条通りを走っているのが当たり前だったのに、そもそも客がいないのか、タクシーが早仕舞いしたせいか、それともその両方なのか考えたこともないが、とにかく、すれ違うタクシーが数えるほどしかいない。九条山を越え山科に入ってから、日ノ岡と御陵《みささぎ》の間あたりで三〜四台の空車とはすれ違ったけれど、山科駅入口の信号、外環三条の交差点を過ぎるとその先は真っ暗で、対向車がただの一台もやってこないのだとわかった。

四宮の交差点を右に曲がると「次、左や」と男の口調は少しばかり強くなり、必要以上には喋らない俺に不満なのか、丁寧だった喋り方が男の口から消えた。

「返事はせぇへんのか、運ちゃん」

俺の生返事のせいで機嫌を悪くし「運転手さん」が「運ちゃん」になったのかもしれないが、関西では「運ちゃん」呼ばわりは珍しくもないから最初のうちは気にもしなかった。ところが、どうも様子がおかしい。

「運ちゃん、何で黙っとるんや。何とか言えや」

「しばくぞ、こらッ」

言われた瞬間、反射的に「つッ」と俺は舌打ちし、それが聞こえてしまったのかどうかわからないが、男が明らかに攻撃的な言葉を口にするようになったのはそれからだ。関西の男が凄むときの常套句が始まった。

「なめとんのか、こらッ」

名神高速道路の京都東インターをでて直進すると道は国道一号線の三条通りとなり、直進せず左にカーブすれば国道一号線、五条バイパスへと入っていく。大津方面からくる国道一号線は、ここで三条通りと五条バイパスに分かれるのだ。男は、その五条バイパスの下を抜ける狭いトンネルを過ぎたとたん、「右やッ」「左やッ」と、ますます語調を強めて道順を指示し、俺はといえば、かなり雲行きが怪しくなってきた客の態度に面食らっていた。

まずいな、これ……。

「次の角、左やッ」

ということは、男の行き先は小山《こやま》?

うちの会社の目の前には、名神高速道路を挟んだ向こう側にどっしりとした山容の、逢坂関と同じく歌に詠まれた音羽山が迫っている。名古屋方面からくる新幹線は、大津を過ぎるとすぐに県境のトンネルに入っていくが、そこが音羽山で、トンネルを抜ければ三方を山に囲まれた京都市東山区の、うちの会社がある山科[*5]である。といっても、高さはせいぜい二〇〇メートル前後で比叡山どころか標高四六六メートルの大文字山と比べてもずいぶん低い山々だけれど、会社の目の前の音羽山だけは六〇〇メートル近い高さで、しかも、どっしり感があって、さすが、と感じさせる。真冬になると、早朝はいつもてっぺんのあたりに濃い灰色の雲がかかっていて、たとえ真上の空に雲がなくたって音羽山からの雪が舞っている。そして、そこから延びる尾根と尾根の間にできた扇状地のような形をしたのが山科の小山地区で、主に農家らしい百軒ほどの民家があるのだけれど、緩い登り勾配を進むにつれて数は極端に少なくなっていく。男の目的地は、どうやらそのあたりらしい。

民家の灯なんてどこにも点いていない時間帯、家屋が建ってないところはほとんどすべて畑で、街灯のひとつもないものだから辺りは真っ暗闇だ。すると突然、男は運転席のシートをガンッと何度も蹴り上げ、そのたびに「なめとんのか、こらッ」を繰り返した。

しまった、と思った。

こいつ、まともじゃない。

「運ちゃん、このまま黙っとって済む思うとるんちゃうやろな」

「なんとか言えや、運ちゃん」

しまった、と思ったが、遅かった。三条通りでさえ空車の一台すら走っていないのだから、こんな寂しいところを、こんな真夜中に走っているクルマなんているはずもなく、屋根の行灯《あんどん》に緊急事態を知らせる赤灯を点滅させたところで誰も見てくれる人はいない。

心臓がバクバクしてきた。

「ほんまに金ないんか。あるんやろッ」

タクシー強盗?!

タクシー強盗がニュースになるのは珍しくないし、だから運転手たちは、もちろん俺も含めて、それなりの心構えがある。なんだか怪しいと感じたら身構え、運転しながら〝事前〟に対応策をシミュレーションをするものなのだ。いつだったか、京都新聞に「タクシー強盗の犯人は三人の中学生だった」という記事があって、何で中学生ごときにやられちまうんだよと呆れたが、記事を読んでみて納得した。三人が揃って傘の先を運転手の首に押し当て「金をだせ」と迫ったというのだ。そんなことされたら誰だって為す術はないだろう。けれど、相手がひとりで、しかも、不意を突かれる状況でなければどうにかなるかもしれない。だから身構える。

サンダル履きで仕事をしている運転手は、信号待ちを利用してさり気なく靴に履き替え、うちの会社にひとりだけいる女の運転手は、運転席の下にテープで貼りつけたナイフの位置を、右手を伸ばして確認するのだと言った。サンダルから靴に履き替えるのは谷津さんや俺も同様で（谷津さんは足もとに大きなマイナスドライバーを護身用に置いている）、相手がこうきたら、こうやって、と、いくつかのパターンを想定したりもする。ところが、このときの相手は、なりたてタクシー運転手である俺なんかのはるか上手をいっていた。

丁寧で親しげな喋り口調は、どうやら俺を油断させるための手だったようだ。だから俺は万が一に備えてのシミュレーションをしていない。男は、うまいこと真っ暗な田舎道にタクシーを誘い込み、一方の俺は、誘い込まれたことにも気づかないうちに男が豹変したものだから、心の準備がまったくないまま事態の急変にどう対処していいのやらわからずに、ただ慌てふためいている。

男は、そんな運転手の心理はお見通しとばかりシートをガンッと蹴り上げ、「こら、何とか言わんかい」と畳みかけてくる。

「運ちゃん、わしは客やぞ。態度が悪いんとちゃうか」

「すんませんでは済まへんぞッ」

思い返してみれば、三条大橋から外環三条の交差点まで喋り続けたこの男の話題は、どれも金がらみだった。あれは値踏みだったということか。

だとしたら、おかしい。

水揚げはたいしたことないとわかっていて、金も持ってなさそうな俺を相手にタクシー強盗なんて考えないはずだ。かといって、俺の態度が気に入らなくて、ただ文句を並べているだけとはとうてい思えない。それなら目的は何なんだ。この場を切り抜ける対応策を考えなくちゃ。

それはわかっているけれども気持ちは焦るばかりで、そのくせ、俺の頭は、まずいことになっている状況を切り抜けるのに何の役にも立たない、男の行動分析を妙に冷静にしていた。

胸が痛くなるほど心臓がバクバクしていた。バクバクが行き場をなくすほど大きくなっている。不用意に口を開けようものなら、脱兎のごとくバクバクが飛び出してきて夜明け前の洗車に苦労させられてしまいそうだ。ところがその一方には、想像もしたことがなかったが、運転手稼業の道に入って半年も経たないうちに、こんな目に遭ってしまう運の悪さを笑いそうになっている自分がいるのである。

四宮の信号を右折して小山に至る道をよく知っているということは、この男、小山の住人なのだろうか。

いや、地元でこんな行動をとるはずがない。

こいつ、もしかして同業者なのか。

そうだ、同業者だ。

刃物はどうなんだ。持っているのか。

建ち並ぶ民家がまばらになってきて、ずっと先の方に灯がついている家がぽつんと一軒だけ見えた。その手前も、その先も真っ暗闇だから、あたりは一面の畑ということになる。このまま山奥に進んでしまったらまずい。もう、これ以上、自分に不利な状況を作ってしまうわけにはいかない。

どうする。

どうしたらいい。

もしかして、狙いは金じゃないのかも。ふッ、と、そんな思いが浮かんだ。金は取れないと踏んで、それならば、と、乗り逃げを決め込んだとも考えられる。もし、そうなら……。まてよ、もし、そうじゃなかったら、やっぱり金かなのか。

いや、そんなこと考えている場合じゃない。どうだっていい。どうするか早く決めなくちゃ。そうだ、次の曲がり角で一時停止したとき、そこで勝負を賭けよう。そうしないと行き先は山奥になっちまう。運転席を飛びだして、自動ドアのレバーを引っ張る。後ろのドアを開けたら、それで男がどう行動するか、だ。

それだ。

アクセルをグッと踏み込む。男の身体がシートの背もたれに倒れかかった。こんどは急ブレーキを踏んだ。

クルマが止まると同時に、俺は運転席のドアを開け飛びだすようにして外にでた。そして自動ドアのレバーを引いて後ろのドアを開けた。このとき、やっぱりサンダル履きはまずいと思った。

男と俺の視線が合った。やつは目を見開いたまま忙しく顔を動かし、右を見たり左を見たり、そしてまた俺を見て、どう対応していいのか判断できずに慌てているようだった。男が勢いよくクルマから降りた。

こいつ、どうする気だ?!

「女の人からあんたに電話があったで。まだ出社してまへん言うたら、またかける、て。名前言わんと切らはった。なんや、あんたのクルマに乗った客や言うとったな」

俺の顔を見るなり事務所の向井さんがそう言ったのは、あの夜の出来事から二日後の夕方だった。

京都南インターの南　一九七三年一〇月六日〜一一月二四日

少しばかりの燃料を入れてもらうのに二〇分以上も長い列に並ぶのはここのところ出番のたびになっていて、そこで順番を待つと、決まって、相勤の村井さんが言った言葉が頭に浮かんでくる。

「親会社がケチやしな、しゃあない」

夜明け前の洗車にも慣れ、要領をつかんでからはまるで苦にならなくなったが、いまだに不思議に思うのは、どんなに大雨が降っていようとも洗車を欠かしてはならないタクシー業界にある鉄の掟である。車内の掃除はまだ理解できるにしても――客を二〜三回も乗せれば汚れた靴や濡れた傘のせいでフロアマットは散々な姿になってしまうが――何とも不合理なのは、雨で汚れたボディを水洗いし、しかもご丁寧に、ぎゅっと絞った雑巾での拭き取りだ。毎回の洗車が、この車両に交代で乗務する相勤への礼儀であるのはわかるけれど、屋根の下をでたとたん大雨に晒されるのだから、はたから見たらおかしな光景であるのは間違いない。

村井誠一さんが姿を見せたのは、日付が変わった頃から降りだした小雨が明け方近くになって本降りになった日の早朝、例によって雨降りのなかでの水洗いを済ませ、あとちょっとで雑巾での拭き取りも終わるというときだった。

「いつもより二時間も早う目が覚めてな、もう寝られへんし早出してきたんや」

会社まで歩いて五分とかからない距離にあるアパートで独り暮らしの、歳の頃は四〇を少し超えたくらいの村井さん。初めて会って互いに自己紹介したときの話によると彼のタクシー歴は六年で、うちの会社に入ったのは「五年前だった」そうだ。一〇人も入ればいっぱいになってしまう小料理屋をやっている女の人とは、ありがちだけどタクシーの運転手と客として初めて会って、それ以来の仲だというのはずっと後になって聞いた話である。村井さんには結婚歴があって、奥さんとは「ずいぶん前に別れた」とぼそっと口にしたことはあったが、昔の自分のことを喋るのはあまり好きじゃないらしい。そうとは知らず、タクシー稼業に入る前は何をしていたのか、と、いちどだけ尋ねたことがある。そのときの、苦笑いしながら言葉を濁した村井さんの様子を見て以来、よけいなことは聞かないようにしている。ただ、会話の端々にときおりのぞく彼の過去をつなぎ合わせてみると、関西にあるどこかの公立大学を卒業し、しばらくは東京に本社がある商社に勤務していたとだけは推測がついた。とにかく博識で、外国人の観光客を相手に清水寺や金閣寺をガイドすることもあると言っていたから、きっと英語も堪能なのだろう。

その村井誠一さんが、いつもどおり缶ピーを片手に、いつもどおりの、設計事務所の社員みたいな灰色の作業用ジャンパー姿で現れ（タクシーを運転するときの、これがこの人の格好だ）、早口で「早出のわけ」をまくし立てた。それから「久しぶりやな」と挨拶をしてショートピースに火をつけた。

「聞いたで。危なかったらしいやないか。大丈夫やったんか」

小山での一件を言っているのだとすぐにわかった。

「乗り逃げされたけど、それで済んだからよかったですよ。手口が巧妙だったから常習者じゃないですかね。道に詳しかったし、あいつ、たぶん同業者だと思う」

「そうか……。三条大橋から乗ったんやろ、そしたら山科の人間かもしれんな。悪い運転手もおるし、気ぃつけなあかんで」

村井さんと顔を合わせるのは久しぶりだった。俺らは畑野たちのように夜勤専門と昼勤専門が組んでいるわけではない。前の週は俺が昼勤で村井さんが夜勤、一週間ごとに昼勤・夜勤が交代する複勤だから、ちょうど一週間ぶりくらいだろうか。俺が昼勤を終えて帰る時間に彼はまだ会社にきていないことが多いし、俺は早起きが苦手で、村井さんが夜勤を終える時間には会社にきていない。そんなすれ違いがしばしばだから、俺らふたりに限ったことではなく、相勤とは、案外と顔を合わせる機会は少ないかもしれない。

村井さんは、三日前の、俺の身に降りかかった深夜の出来事をひととおり聞くと、実は、こっちの話が本題なんやとばかり「トイレットペーパー騒ぎ、東京でも大変らしいやないか」とゆうべのニュースを切りだしてから、相勤のために満タンに入れておくはずの燃料が、半分も入れてもらえなくなってしまっている近ごろのＬＰＧ事情について喋りだした。いかに博識で、そして、五年もうちの会社にいるとはいえ、村井さんが会社の内部事情のすべてを熟知しているとはとうてい思えないのだが、それでも彼は、会社のことなら何でも聞いてや、みたいな事情通の口ぶりで、運転手たちが燃料問題で難儀しているわけを話すのである。

「うちの会社は払いが悪い。親会社がケチやしな」

「親会社がケチ」は、これまでにも何人かの運転手から聞かされていた。親会社というのは滋賀県を拠点に路線を持つ規模の大きなバス会社で、そこが滋賀県と京都にいくつか持っている子会社のひとつがうちの会社なのだ。よその事情を知らないから本当にケチなのかどうか判断のしようもないが、とにかく、先輩運転手たちは、何を根拠に言っているのか、たぶん根拠なんてないのだろうけれど、ことあるごとに「親会社がケチやしな」を口にするのである。

「国が石油緊急対策とか言うてるご時世なんやで。燃料代も高うなって、世の中、こんなになっとるっちゅうのに、安せい言うたり支払いは二か月後やとか言うとるんや。そんなん、どこのスタンドも、燃料、入れてくれはらへんの当たり前や」

もっともらしく聞こえる説明をまるごと信じたわけではないけれど、話し上手の村井さんにかかると、本当に「燃料代を安せい」とうちの会社が言ったように聞こえるから面白い。いずれにしても、毎日毎晩、土地勘に乏しい下鳥羽《しもとば》のスタンドまでクルマを走らせて行列に並ばなければならない現実を前にすると、もしかすると村井さんの言葉は事実に近いのかもしれないという気にもなってくる。

満タンにはほど遠い二〇リットルしか入れてもらえないのはどこの会社のタクシーもいっしょだが、どうにかならんのかと思うのは、燃料を入れてくれるスタンドが、会社まで直線距離で結んでも一〇キロも離れたところにあることだ。

つい一か月前まで、うちの会社が契約している燃料スタンドは市内に五か所くらいはあって俺はたいがい勧進橋《かんじんばし》のスタンドを利用していたけれど、燃料事情が悪くなったとたん、それまでただの一度として利用したことがない。そもそも、そっちの方に行くことすら希な京都南インターチェンジのさらに南、伏見区の下鳥羽にある山川石油でしか給油できなくなった。京都駅から国道一号線を南に六キロの地点、国道から少しだけ東に入ったところにある山川石油。仕事仕舞いの時間がくると、必ずそこまでタクシーを走らせる。戊辰戦争の始まりともいえる鳥羽伏見の戦いが勃発した鳥羽のあたりは住宅街だが、同じ鳥羽の名が付いても、下鳥羽はもっと南に下った工場や倉庫ばかりが建ち並ぶ地域だからそんなところまでタクシーに乗る客はおらず、燃料を入れに行くのはいつだって空車でだ。スタンドに着いても順番待ちの長蛇の列ができていて、列に並んでいるのは、興和タクシーとか伏見タクシーとか高速タクシーとか、当たり前だが伏見区や南区あたりに営業所があるタクシーばかり。山科のタクシーなんてうちのクルマしかいない。毎日がこの繰り返しだもの、さすがに村井さんの説、「どこのスタンドも入れてくれはらへん」に頷きたくもなる。

そういえば「トイレットペーパーの買いだめ騒ぎは大阪から始まったんやで。千里ニュータウンで買いだめがあったて新聞に載ってな、それからや」と物知りの村井さんが話してくれたことがある。

「かさばる割には利幅が小さいやんか、トイレットペーパーや洗剤は。スーパーは大量仕入れをするけれど在庫は少ないんや。そやし買いだめ客が殺到しようものならたちまち棚は空っぽや。人間の心理なんやろ、空っぽやから客はパニックになって、また別なもんの買いだめに走る。洗剤の棚が空や、ほな、その横にある石鹸を買いだめしとこか、それもなくりそうやったら、こんどはのシャンプーに手が伸び、砂糖も塩も、や」

村井さんはこんなふうに説明した。あれは村井さん自身の言葉なのか、それとも報道の受け売りだったのかわからないけれど、日本中に買いだめ騒動が広がったいまとなっては、ずいぶん前に聞いた村井さんの説明に、なるほど、と納得する俺なのである。

ことの起こりは、一〇月六日に中東で勃発した大規模な戦闘[*6]だった。

中東で起こった戦闘を一〇月七日の朝刊各紙がトップニュースで伝え、もちろん京都新聞もそれは同様で「中東また激しい戦火」のタイトルで報じる一面のトップには、「67年来の最大規模」の見出しも付いていた。イスラエル建国以来、イスラエルと近隣のアラブ諸国の間で大規模な戦闘が何度か繰り返されてきたが、今回の戦闘は、一九六七年の第三次中東戦争、イスラエルでいうところの〈六日戦争〉以来の大規模なものだという意味である。

中東でのこの出来事が、やがて、めぐり巡ってうちの会社の運転手を京都南インターのさらに南にある山川石油まで、たった二〇リットルの燃料を入れるために走らせることになる。けれど、戦闘勃発が伝えられた一〇月七日の時点で、日本の石油に関わる人たちの反応は呑気と言っていいくらい鈍かった。世の中がこんな事態になるとは露とも思わなかったのか、彼らの呑気ぶりときたら、一九六四年（昭和三九年）以来「九年ぶりに阪神タイガースが優勝するかもしれへん」と、うちの会社の運転手たちが盛り上がっているのと似たようなものだった。

「サウジアラビアとイランが戦争に巻き込まれなんだら日本の石油は大丈夫てテレビで言うとったで」

「そや、この新聞にもでとるがな。『七九日分の備蓄があるし心配あらへん』て」

仕事前に寄ったいつもの喫茶店での、谷津さんと畑野の会話である。

夜勤の運転手が会社をでるのはたいがい夕方で、でてすぐの四宮の信号を越えると、祇園に出勤のお姉さんがそこに立っていて手をあげる、というのがお決まりのパターンになっている。すっかり顔なじみになった吉乃さんなんて初めのうちこそ「花見小路富永町《はなみこうじとみながちょう》」と行き先をちゃんと言っていたけれど、いまでは「おはようさん」だ。けれど、たまには客を乗せ損ねて、というときだって、もちろんある。そんな日は、回送板を掲げ、手をあげる客の姿を無視して天王町へと一直線。四宮のお姉さんはご近所さんだから無視できないが、あとはどうだっていい。仕事前にいつもの喫茶店でコーヒー、なのである。そしてこの日もそのパターンで、空車のまま天王町まで走ってきた俺は、先にきていた谷津さんと畑野の会話を耳にしたのだった。

テレビや新聞が伝える中東で起こった戦闘は、俺らにしたら別世界の出来事でしかなくて、だから俺が最初に手にするのが京都新聞ではなくデイリースポーツというのは自然の成り行きなわけである。

きのうは田淵の逆転満塁ホームランで「阪神首位」が一面で、今日は、一〇対一〇での引き分けで終わった阪神 - 巨人、首位攻防の「超ドラマ」がトップ記事。残り試合数は阪神が五、巨人が四。互いに全勝なら阪神が優勝。巨人が二勝二敗なら、阪神は三勝二敗で優勝。どっちのファンにしてもしびれる毎日が続いている。というような記事をひとしきり読んだついでに谷津さんが読み終えた「石油は大丈夫らしい」と書いた三日前の京都新聞を見た俺が、へ〜ッ、そうなのか、と、他人事みたいな感想を漏らすのは無理もなかろう。そんななか、読売新聞・夕刊の記事が俺の興味を引いた。去年、直木賞を受賞した人気作家の井上ひさしが、「抱えすぎた原稿の締め切りに間に合わず、姿をくらました」とかいう冗談みたいな記事の横に、中東戦争の悪化に伴いヨーロッパ各国で石油製品の輸出制限や割り当て実施の準備が始まったことを伝える小さな記事があった。ソ連がエジプトに武器を供与したのに対抗して、米国がイスラエルに武器を新たに供給しようとしているとかで、その報復措置として石油の西側への供給を停止するのは間違いなさそうだというのである。

「ロンドンの石油業界は、アラブ側が米国に対してだけ禁輸することは実際上難しく、西欧諸国ももろにそのとばっちりを受けるとみている」

どうしてなんだろう、と、記事の意味を理解できずに考え込んだところに畑野の「残り試合数は四と五や、どっちが有利かわからへん。けど、勢いは阪神やろ」の同意を求める声が飛んできて、俺は難しいふたつの問題の答をいっぺんにださないといけない状況になった。本心は「期待させておいて裏切るのが阪神」だったけれど、それは口にはださず、うん、とだけ返し、また、新聞記事の意味を考えだした。言外に「日本は大丈夫だけどね」が読み取れたからだ。

ここが俺にはわからない。アメリカに与《くみ》しているからという理由で西欧諸国がとばっちりを受けるのなら、なんで日本は大丈夫なのか、と。そしてなによりも、原油の輸入量の八割を中東に依存しているくせに、日本の、この余裕っぷりが不思議だった。目の前に座っているのが村井さんだったら、面倒くさがらずに気の利いた解説のひとつもしてくれるのだろうに、と思った。だが、俺が抱いた疑問の答は、一か月もしないうちにでた。日本には、たかだか二週間くらい先の中東情勢をまともに分析できる人間が、政府にも霞が関の役所にも、専門家とかいう人のなかにも、ただの一人もいなかった、という意味だったのだ。「石油危機」の文字が初めて新聞の紙面に躍ったのは、それから一週間くらいしか経っていない日のことである。

テレビから矢継ぎ早に流れだした「石油危機」のニュース。なんだよ、この〝ことの流れ〟は、と、ちょっと呆気にとられてしまったのは俺だけじゃなく、たぶん日本中の誰もがそうだったのではあるまいか。なにしろ、中東が泥沼化しているとかゴラン高原が火の海だとか、戦闘は消耗戦の様相だとか言いながら、それでいて対岸の火事ふうなきのうまでの報道とはまるで別の出来事を伝えるみたいな石油危機報道なのだ。

運転手たちが公然と口にしていた「タクシー運賃値上げ」が、やっぱり噂ではなく事実だったと世間に広く知られたのはその翌日、一〇月二〇日のことだった。

山川石油から国道一号線をもう少し南に下がれば大手筋の交差点で、そこを西に曲がった先に京都競馬場がある。昼勤のとき、京都駅から乗せた客を何度か運んだことがある。夜勤では、奈良へと続く国道二四号線を南に観月橋《かんげつきょう》の先までとか、宇治のあたりまでとか客を乗せて走ることは何べんかあったけれど、タクシー運転手になってまだ半年ほどしか経っていない俺は、醍醐寺《だいごじ》あたり——醍醐は住所こそ伏見区だが地形的には山科みたいなもの——を別にすれば伏見区を走る機会はほんとに少なくて、だから二〇リットルの燃料のために山川石油まで走ってくると、まるで営業区域外にでもやってきたような気分になる。それが、いつ終わるとも知れない日課になってしまったが、こうして順番待ちの長い列に並ぶたびに、二〇リットルは仕方がないにしても、せめて会社の近所のスタンドで給油できないものかと思う。

勝った方が優勝のセ・リーグ最終戦は、一〇月二二日の甲子園決戦だった。結果は、それまでの〃大一番〃続きがまるで嘘だったかのような九対〇。やっぱり、期待させておいて裏切る阪神タイガースである。大差で阪神が敗れ巨人がＶ９を果たし、おさまりのつかない過激な阪神ファンが大暴れした様子が翌日の京都新聞に載った。大敗に激昂し暴徒化した虎ファンが試合が終わるやグラウンドになだれ込んで巨人ベンチに殺到、逃げ遅れた王選手らに殴る蹴るの暴行をはたらき、それを写した写真入りの記事だった。

「その場におったら、わしもやったかもしれん」

洗車が終わりかけの俺のクルマの前にしゃがみ込んだ谷津さん、洗車は済ませたらしいが納金はまだのようで、釣り銭袋と日報を持ったまま煎餅の袋を破り、「なんや、九対ゼロて」と、二日前の敗戦をまだ怒っている。その谷津さんが話題を変えたのは、出勤してきた村井さんが姿を見せたときだ。「あんたがくるの待っとったんや」と、村井さんに向けた谷津さんの顔がそう言っていた。

「石油価格が七〇パーセント上がるて、あれ、どういう意味なんや」

あの日、つまり最終戦で巨人の優勝が決まったのと同じ日、イスラエルとエジプトが停戦を受諾したというニュースがいっせいに流れた。六日に勃発した大規模な戦闘は、日本時間の二三日に停止することになったのだ。それなのに、石油危機とやらが消えない。給油のために俺らはまだ下鳥羽まで走っているし、ゆうべだって二〇リッターしか入れてもらえなかった。

アラブ産油国は原油生産量を減らし続けていて、そこにもってきてサウジアラビアの国営石油会社が、国際石油資本を通さない日本への直接販売原油の価格を七〇パーセント引き上げると通告してきた。それを伝える朝日新聞一面トップの「70%値上げ」を伝える記事を目にしたときは、国際情勢に疎い俺でさえ、さすがにびっくり仰天し、どうなってしまうんだろう、と、なんだかわからないけれど漠然とした不安が浮かんできたものだ。そういう思いを抱いたのは谷津さんも同じだったようで、戦闘が終結したのに、なぜ、との疑問が湧いたらしいのだ。その問いにわかりやすく答えてくれるのは村井さんだと谷津さんは考えた。俺も、村井さんなら要領を得た説明をしてくれそうな気がした。

「アラブは、日本をイスラエル側と見とるということやな。アラブの非友好国と見なしたちゅうことや」

「意味わからん」

谷津さんはしゃがんだままの姿勢で村井さんに煎餅を渡し、そう言った。

第二次世界大戦後、ジャージーとかシェルとかテキサコとかのメジャーズと呼ばれる国際石油資本によって中東の巨大な油田が次々に発見され、その結果、安い原油が世界の石油需要を増大させた。長崎の軍艦島《ぐんかんじま》も年明けには閉山と決まったらしいが、日本でも石炭から石油の時代に移り、安い原油は経済成長を支え、石油なしではやっていけないところまできている。俺も素人なりに、理屈ではわからないまでも石油依存の世の中を肌で感じているし、そこに関しては谷津さんも同様だからこそ「70%値上げ」の新聞の見出しに漠然とした不安を覚え、それゆえの村井さん頼りとなったのだろう。

「六年前の中東戦争で、イスラエルはシナイ半島やらゴラン高原を占領したやんか」

「知らん」

「占領したんや。アラブ側はな、『そこから完全撤退せいや』とイスラエルに求めとる。そやし日本やらの、いわゆる親イスラエルの国にやな、石油で踏み絵を迫ったわけや。親アラブとしてイスラエルによる占領を非難するんやったらええけど、そうでないんやったら石油はいままでのようには売ったらへんで、と。七〇パーセント値上げちゅうのには、そういう意味があるとわしは思うで」

新聞が書いた「70%値上げ」の意味を簡潔に説明した村井さん。彼の話がどこまで正しいのかさっぱりわからないのに、フムフムと納得顔の谷津さんは「さすがインテリやな」と感心し、実は、俺も「やっぱり元商社マンだけのことはある」と、あらためて村井さんの博識ぶりを見直していた。

「これからが大変や。『大丈夫や』とか『灯油価格は凍結や』とか国が言うても、そんなん当てにならんしな。見とってみ、これから何もかんも値上げになる思うで。タクの運賃も上がるてニュースで言うとったやろ。そうなったらな、わしらの給料かて関係してくるんやで」

口をはさんだのは、洗車を済ませたばかりで遅れて村井講義に参加した畑野だった。

「給料、上がるんやろ?」

「いや、下がるかもわからん」

「なんでや」

「黙っとけや畑野、わしが話を聞いとるんやし」

谷津さんはそう言って畑野を制し、こう質問した。

「で、わしら、いつまで山川石油までガス入れに行かんとあかんの」

「雄琴《おごと》やな」

畑野が口をはさんだ雄琴とは、谷津さんのゲンコツのことだ。〝げんこつ〟という隠語の由来は知らないが(客が支払ったタクシー代を入金せずに握ってしまうという意味だとは思う)、メーターを倒さずに、客が払うタクシー代を自分の懐に入れる、いわゆるエントツ行為。谷津さんは、うちの会社には大勢いるエントツ行為常習者のうちのひとりで、週に何度か、雄琴のお姉さんを神戸までげんこつで送っている。高速代込みで一万円だそうだ。

「二〇リッターではな。ひと仕事すませてから、神戸、行かれへん」

ロースターの上で少し縮んだカルビの表面に脂が浮きでてている。まるで煮えたぎっているかのように微小な泡が光って踊りだし、箸で焼き面をひっくり返したとたん脂が火に垂れてジューッと音をだした。カルビの端っこがそっくり返る。網にこびりついた肉の切れっ端が真っ黒な炭状になって、もくもくとでる濃度が薄くて白い煙の元はそれだった。目の前のみやびさんの顔をちゃんと見ることができず、俺は俯いたまま黙ってカルビを焼き、肉を網に載せると同時にジュッと音がすると思ってたのは勘違いなのだとこのとき初めて知った。

「焼き肉でよかったんか?」

みやびさんも何を喋ったらいいのかわからないようで、だから口を突いてでた言葉がこんな間抜けな問いだったのだろう。俺は「うん」とだけ返し、焼き肉でよかったんだよとひとり合点していた。でき上がった料理が運ばれてくる店だったら、きっと間がもたずに困っていたに決まってる。

きのう、仕事終わりの深夜二時少し前、いつものように三条大橋で山科への客待ちをしていたら、みやびさんがいきなり現れた。驚いた俺は「どうしたの」と尋ねただけで後が続かず、みやびさんは「方向違いやけどな」とだけ言った。方向違いだけど家まで送ってほしいという意味だと理解し、「今出川智恵光院でいいんだよね」と確認して走りだした。三条大橋を渡り川端《かわばた》通りを左折すると、南向きで信号待ちしていたうちの会社の空車とすれ違い、互いにクラクションを短く鳴らしている。

みやびさんの顔を見るのは三週間ぶりくらいだった。あの日から俺はいちども西木屋町を流していない。会社に女の人から電話が二度あったというのは事務所の向井さんから聞いていた。みやびさんだろうと察しはついていたけれど、以前と同じように当たり前の顔をして雅の前を走れなくなっていた。

「電話、したんやで」

今出川通りを左折したところでみやびさんが言った。「うん」とだけ俺は答え、堀川今出川の信号で止まったとき、みやびさんが「明日、ご飯たべに行かへんか」と言い、俺は、また「うん」とだけ返した。

夜の七時に南座の前で待ち合わせ、みやびさんの「焼き肉でええか?」に頷いて彼女と並んで川端通りを下った。天壇《てんだん》が高級そうな焼き肉屋さんだとは知っていたけれど、入ったのはこれが初めてだった。

「学校、ちゃんと行ってるん?」

カルビを二枚たべたところで、みやびさんはいかにも年上のお姉さん口調で俺に尋ね、そこで俺はやっと顔を上げ、長い髪を後ろでひとつにまとめた彼女の顔を見た。夜勤明けはさすがに疲れ、ここのところ学校には行けてない。来週は昼勤だし、仕事の合間にいくつかの講義にはでようと思う。俺はそんな調子でタクシー仕事と学校の話をしたけれど、あの晩の話題だけは口にしなかった。俺は公休日。みやびさんも「今日は仕事に行かへんつもりや」と言った。

「この後、どないする?」

俺は、また、うん、とだけ返した。

灯油はあっという間に大幅に値を上げ、これから先も値上がりが続くと踏んだ東京の石油小売り業者が、灯油二万リットルを空き地に隠していたとかいう話があったかと思えば、灯油以外の石油製品も一気に値上がりし、それでなくとも高くなっていたタクシーの燃料、LPGの価格も大幅に値上がりしそうな気配。おかげで、批判の的になりやすい「タクシー運賃値上げ」の話題が埋もれたような気がする。テレビで「石油危機」という言葉を聞かない日はなくなり、新聞は、社会面はもちろん、海外面を開いても「石油危機」の文字が躍らない日はなくなっている。政府が「石油緊急対策要綱」を閣議決定したのは俺らが村井説を聞くしばらく前のことだ。「石油の総需要を抑え、石油不足によって引き起こされる諸物価の値上げを防ぐ物価対策の意味合いが強い」と評論家が話すこの閣議決定。中身を解説する新聞には「マイカー自粛」の文字もあった。

「自家用があかんのやったら、みんなタクに乗るんとちゃうか」

畑野は、少しばかり期待でもしているのか、そんなふうに言ったけれど、その場にいた谷津さんは「そんなわけあるかい」とばかり、言葉にこそしなかったが、冷やかな目を畑野に向けた。

中東戦争勃発のニュースを聞いてから二か月も経っていないというのに、世の中のこの変わりよう。タクシー運転手になったばかりの俺は、いつの間にやら石油危機の巻き添えをくらうひとりになっていた。中東での戦闘はとっくのとうに、巨人が優勝を決めた日に終わっているのに、供給量が減ったために割り当てられる燃料はいまも一律二〇リットル。一〇リットルというときもあったし、長い列に並びはしたが、「今日の分は売り切れました」と無駄足を踏まされることさえあった。いつだったかヤサカタクシーの運転手募集広告に、自社スタンドだから給油が楽ですよ、みたいなことが書いてあるのを見た覚えがある。さすが大手のヤサカタクシーと羨ましくも思ったものだが、こんな広告がでるくらいだから、山川石油まで走るうちのクルマは特別だとしても、京都ではどこの会社の運転手も給油には難儀させられているのだろう。京都だけでなく、大阪だって東京だって状況は似たようなものかもしれない。

「世の中、こんな大変なことになっとるんやで。それでもうちの会社は安うしてくれの支払いは二か月後やとか言うとる。どこのスタンドもうちのクルマはお断りやわな」

山川石油に着いて列の最後尾に止まると、そのたびに俺の頭には村井さんのこの言葉が浮かぶのである。

狂乱物価

一九七三年一一月二六日

圓通寺《えんつうじ》の庭を眺めるようになったきっかけは、まるで覚えていないけれど、おそらく、客を乗せて行ったついでに、どれ、俺も、と、そんなところだろう。

臨済宗の禅寺だが、そもそもを辿れば上皇となった後水尾天皇が寛永一六年（一六三九年）に造営した山荘、幡枝《はたえだ》御殿である。江戸時代の初期、徳川三代将軍、家光の時代。その頃の岩倉、幡枝といえば都の北の辺境で、鞍馬《くらま》街道にほど近い、そんな山深い幡枝に山荘を造ったのは比叡山を借景に得るためだった。上皇は比叡山がもっとも美しく見える地を探し求め、辿り着いたのが、ここ幡枝だったのだといまに伝えられている。眺望が開けた東に目を向けると、比叡山の、どんとした山容が映るのだ。

縁側ではなく、部屋の真ん中に座り、軒先や柱までも景色の一部として入れ込んで眺めてこその借景庭園だと理解できるようになったのは、ここに足を運びはじめて何度目くらいだったろうか。誰に教えられたわけでなく、そうやって眺める風景には、切り取った絵と錯覚してしまいそうな瞬間さえあることに気がついた。

映像を取り込んだフィルムの縁のごとく借景の上下が真っ黒なのは、逆光が軒先と畳をそう見せているせいだ。黒く映った柱はフィルムのコマのようでもあり、その向こうに苔に覆われた枯山水の庭。大小いくつもの庭石は上皇が自ら配したのだという。そこを取り囲む、きれいに刈り込まれた生け垣。そして、数本の杉や檜の木立を通して見えるのは、稜線を左右に大きく広げた比叡山である。二軒目に入ったバーで、水割りを飲みながら「円通寺ってどないやの」と聞いたみやびさんを思いだした。雅で飲んだ観光客が円通寺がよかったと言ったとかで、自分も行ってみたいとみやびさんは話した。そのうちいっしょに行ってみようと俺は言った。ここにくると、いつも同じ位置に座り、そのたびに、比叡山ってここからはこんなに大きく見えるんだなと感心する。庭園に限ってみれば、俺は、京都の寺社ではここがいちばん好きかもしれない、と、いつもの場所に正座して、これまで何べん思ったろうか。

見頃は過ぎてしまったけれど、それでも紅葉の季節の日曜日とあって観光客の姿が先月より多いような気がした。ただ、京都駅のタクシー乗り場でヤサカの運転手と立ち話をしたとき、彼が口にした「人が少ないのとちゃうか」が少しばかり引っかかる。「石油危機で」と彼は言ったが、本当に「いつもより観光客が少ない」のか、それとも「石油危機」という言葉の刷り込みがそう感じさせているだけなのだろうか、と。

「どやった?」

例のジャンパーを羽織った相勤の村井誠一さんである。洗車が終わりかけのクルマの前にしゃがみ込んだ彼が、ショートピースをふかしながら今日の俺の水揚げを尋ねた。「今日はどやった」と始まるのは村井さんに限ったことではなく、タクシーの運転手はたいがいそうだ。その日の水揚げを尋ねるのは会話のきっかけの合い言葉みたいなものと言っていいかもしれない。

「大原の方はそろそろ紅葉も終わりですね。散ってるし」

「大原、行ったんか」

「京都駅から三千院までの客を乗せたんですよ。久しぶりに大原まで行きましたけど、客が思ったほどいなかった」

「戻りは空車か」

「一乗寺まで空車でした。白川通のバス停に観光客がいて、圓通寺まで乗せたんですけどね、そこからは南禅寺までまた空車」

「圓通寺に客はおらんやろ。あそこを知っとる観光客はよっぽどやで。穴場やしな」

「それにしたって暇じゃないですか。日曜日なんですよ」

「せやな、しばらくはあかんかもしれんな。石油危機や言うてるし、物価は上がりっぱなしやし、タクの運賃も上がるし」

京都市にやってくる観光客の数は年間三五〇〇万人[*7]を大きく超えていて、月別では、桜の時期の三月と、紅葉の秋、一一月がもっとも多い。それなのに、実際の数字がどうなっているのか知らないけれど、運転手たちは、石油危機や値上げいっぽうの物価のせいで「観光シーズンなのに客がおらへん」を肌で感じ取っていた。そこにもってきて年明けにはタクシー運賃の値上げである。「しばらくはあかんかも」となるのも無理はない。

「ノーカット、どうなりますかね」

「そら、いままでどおりちゅうわけにはいかんやろ。運賃、上がるんやし。三〇万にはならへんやろけど、二七万か二八万か、そのへんで落ち着くんとちゃうか」

タクシー会社の賃金システムというのはずいぶんえげつないもので、それでなくても露骨な累進歩合が基本なのに、そこにもってきて欠勤すれば給料カット、決められた休憩時間をオーバーすれば時間カット。カット、カットで水揚げ額が少なければ少ないほど運転手の取り分はどんどん減らされていく。ところが、うちの会社にはノーカット制度なるシステムがあって、月の水揚げが二三万円以上ならどれだけ欠勤しようが休憩時間が長かろうがカットなし。数ある京都のタクシー会社でノーカット制度があるのは何社もないらしい。水揚げ二三万円。夜の客が減ったとはいえ、半分は大袈裟にしても月の三分の二くらい出勤して頑張れば達成できる金額だから、この制度、運転手にしたら有り難い。管理者がいくら尻を叩いても仕事を放りだしたまま休憩室で博打三昧の運転手がうちの会社には何人もいて、しかし、その連中でさえ最終的に二三万円を稼いでいるほどだ。そういえば、ここしばらく休憩室博打の話を耳にしないなと思ったら、「二三万水揚げしとるやないか」と毒づく連中に業を煮やした管理者が、「博打やっとる」と山科警察に通報したらしい。

「あの男、無茶苦茶しよる。会社の運転手を警察に売るんやからな」

呆れたように言ったのは、乗り込んできた警察に現場を押さえられて慌てた運転手のひとり、谷津真一さんだった。

「がらの悪さは京都でも一、二を争う」だの「ワルが集まってる」だのと話に尾ひれが付いてうちの会社の悪評が面白おかしく大袈裟に語られることがあるのは、もとをただせば、ノーカットを目当てに「海千山千の運転手が集まっとるからや」と断言する村井さん。そのうちのひとりの海千だか山千だかが谷津さんだよな、とか思いながら、俺は黙って村井説に同意していた。

水揚げ二三万円だと運転手の取り分は六二パーセントだから、給料の総額は一四万二六〇〇円。でも、うちの会社の給料形態はAB型[*8]というやつで、この金額だと、そのうちの二万五〇〇〇円くらいが「後で三か月分をまとめて支給」の一時金としてプールされる。それを別として税金やら何やらを差し引くと、とりあえずの手取りは一〇万円前後である。大卒の初任給が額面で七万円前後だから、月の水揚げがノーカットぎりぎりの二三万円でも手にする給料は悪くない。ところが、どうやら、そう遠くないうちの「タクシー運賃値上げ」が本決まりなものだから、そうなるとノーカットの金額がいくらになるのか、うちの会社の連中は、特に、俺も含め、仕事は呑気に、と考える連中は「なるべく上がらないでもらいたい」と注目しているわけだけれど、会社のことならなんでも聞いてやの村井さんは、二七万円か二八万円とみているらしい。

「三〇万にはならない?」

「ならへん思うで。運賃の値上げいうても、いきなり五〇パーセントも七〇パーセントも上げるわけやないいんやし」

夏が過ぎた頃から運転手たちは公然と値上げを口にしていたが、実際に「石油危機のあおりをうけてタクシー運賃が上がりそうだ」とテレビが伝えたのは、一か月ほど前、中東での戦闘が終わりかけていた一〇月二〇日のことだ。タクシー業界が三〇~五〇パーセントの運賃値上げ申請を準備していたところに降って湧いた石油危機。情勢からして燃料代の大幅値上げが避けられそうにないものだから運賃の値上げ幅はさらに大きくなるかもしれない、みたいな内容だった。

「新聞には大幅値上げって」

「いや、タクの運賃の決め方はそんな簡単なもんやない」

村井さんは断言するようにそう言ってから「石油危機は想定外にしてもやで」と続け、ひといき置くつもりなのか缶ピーを取りだし、もったいつけるようにショートピースを口にしてから、また続けた。

「日本列島改造論からや、そもそもは。石油危機のずっと前からなんや。田中角栄が総理大臣になって、公共料金もなんもかも物価は上がりっぱなしやろ。[9] 燃料代かてずいぶん上っとる。タクシーかて運賃値上げせなやっていかれへんねん」

運転手の言葉とも思えない、まるでタクシー業界の立場を代弁するような調子で運賃値上げの背景を話す村井さんなのである。


その日の俺が何をしていたのか、なぜだか鮮明な記憶としていまも残っている。封切りされたばかりの『ゴッドファーザー』を池田屋跡の隣にある映画館で観た日だ。タクシーの運転手になる一年前くらいの木曜日、確か『時計じかけのオレンジ』以来のはずだから、三か月ぶりくらいにでかけた映画だった。七月に入って——俺はいちども見物したことがないけれど——八坂神社とか四条通りあたりでは祇園祭[10]の儀式が毎日のようにあるらしいが、観光客が押し寄せてくる宵山《よいやま》とか山鉾巡行《やまぼこじゅんこう》（これは見たことがある）まではまだ一〇日くらいは間があったから「休み取るんやったらいまのうちにしてや」と仲居さんから釘を刺され、「はい」とふたつ返事で休んだのがこの日だったのだ。

　タクシー運転手になる直前まで働いていた加茂川新館[*11]は、三条大橋の、百年前に制札場があった場所の並び三軒目に建つ観光旅館で、春と秋の観光シーズンを除くと主な客は修学旅行の高校生である。ここで客室係として布団敷きやら何やらの雑用を任されるのはアルバイトの大学生たちで、なかには同志社大学とか大阪の関西外語大の学生とか、仏教系の龍谷大学に通う俺とかもいたが、先輩からの引き継ぎでもあるのか多くは京都産業大学の連中だった。壁際を黒いパイプフレームの二段ベッドで埋めた部屋での住み込みアルバイトだから、毘沙門《びしゃもん》[*12]堂のすぐ前に借りた下宿に戻るのは一週間か二週間に一度くらいしかなくて、だからこの日は、ゴッドファーザーを観たその足で三条京阪駅に向かい、久しぶりに山科に戻ったのだった。

戻る前から「夜ご飯はいつもどおり山科駅前の『珉珉』で」と決めていた。三条大橋の横にも珉珉はあるけれど、同じチェーン店でメニューも同じなのに微妙に味が違っていて、俺は、山科駅前の珉珉の味が好みなのだ。珉珉なんてどこでもいっしょや、と友だちは鼻で笑っている。

　ＮＨＫの夜のニュースが始まったのは、いつもの定番、ジンギスカン定食と餃子を注文したすぐ後のことだ。

　いきなり田中角栄の顔写真が映しだされ、音を消してある店内のテレビ画面に「内閣総理大臣　田中角栄」の字幕がついていた。前日の自民党総裁選挙で福田赳夫を破って第六代総裁に選出されていたから田中角栄の首相就任は既定路線だとはわかっていても、テレビを眺めながら、ふ〜ん、日本列島改造論[*13]か、と、そんな思いが頭に浮かんだのを確かに覚えている。

道路と鉄道で全国を結び、人口と産業の大都市集中をあらためて国土の均衡ある発展を目指すという日本列島改造論。すぐに反応したのは土地の価格だった。企業は争うようにして土地の買い占めに走り、田中角栄が首相に就任したわずか一か月後には「地方での土地買い占めが著しい」と新聞が書いたほどだった。この年の土地価格は、全国平均でも三〇パーセント以上も上がっている。その影響で物価は急上昇し、公定歩合の引き下げなど金融緩和策が続いたことで景気は過熱気味になっていくわけだけれど、俺がタクシー運転手になったのは、それから少し後、円が変動相場制に移行してから三か月ほど経った、一九七三年の五月のことだ。

「日本列島改造論からや」と運賃値上げの背景を語りだした村井さん。運賃値上げになったらノーカットの金額はどのくらいになるのかと質問しただけなのに、その答が田中角栄批判につながっていくところが、いかにも村井さんらしい。

この手の話を始めると村井節が止まらなくなるのは、相勤になって三か月しか経っていなくても、俺は、もう、よくわかっている。こうなると、洗車が終わったから納金してきます、などと言って話の腰を折るわけにはいかない。夕方の五時をまわって、薄暮というには暗くなり過ぎた西の空。反対側に目をやると、真っ黒な影絵となって浮かぶ音羽山が迫っていた。あのてっぺんあたりからいまにも雪が舞ってきそうな寒さに、まいったな、とは思ったが、村井さんの話はいつだって面白いし、と、長っ尻を決め込んだ俺は、谷津さんの真似をして買った煎餅の袋を手にクルマの前にしゃがみ込んだ。吐いた息が白かった。

「総理大臣になった頃、一年前やで、まだ。支持率、覚えてるか？　六〇パーセント超えとったんやで、田中角栄。戦後最高の支持率や言うとったの知ってるやろ。どうせ長続きせんとは思とったけどな」

支持率の具体的な数字まで覚えている村井さんの記憶力には恐れ入る。

とにかく田中角栄の人気は凄まじくて、捉えようによっては、田中角栄と日本列島改造論は「ブーム」でもあった。田中が自民党の総裁に決まった日、つまり、俺がゴッドファーザーを観た前の日、何新聞だったかの夕刊に「高小卒で天下を取る」みたいな見出し付きの記事が載った。「今太閤」とかの文字もよく目にしたものだ。一年が過ぎたいまになってみれば、日本列島改造論の内容云々よりも、読売新聞が「電算ブルドーザー」と書いたとおり、いかにも実行力がありそうなイメージと、「最終学歴は高等小学校」の男が総理大臣になった、その痛快さみたいなものが合わさってできあがった人気だったような気がしなくもない。村井さんが話した「戦後最高の支持率」とは、田中内閣が成立した二か月後に朝日新聞が実施した世論調査のことだ。田中角栄が日中国交回復を実現させた一九七二年九月の内閣支持率は、村井さんの記憶どおり六二パーセント。吉田内閣を上まわる戦後最高の数字を記録していた。

「ランラン、カンカンが上野動物園にきたの、自分、覚えてるか？　日中国交回復からちょうど一か月後や」

一年も前の出来事を、つい何日か前の話でもするような調子の村井さん。なんでそんなこと詳しく覚えてるんですか、と、尋ねても、聞こえなかったかのように問いには答えず、いつものことではあるけれど、彼は自分の言いたいことだけを喋り続けるわけだが、何を思ったか、話の途中で急に手のひらを上に右手を差しだし、「雪か」と、一転、静かに尋ねるような口調で言うのだった。空には星が見えている。そりゃ、そうだろう、クルマの前に長いことしゃがみ込んでいるのだもの、いくら熱く喋っていたって身体は冷えてくる。だから雪が降りだしたとでも思ったのだろうか。けれど、熱くなった村井さんの弁論は、その程度では冷めそうもない。なにしろ、ここで彼が本当に言いたいのは田中角栄の人気が落ちてきた話ではなくて、日本列島改造論がここのところのひどいインフレの元凶で、タクシー運賃の値上げ問題の根っこも、あるいは、うちの会社の運転手がしきりに気にしている「ノーカットの金額がいくらに上がるのか」という問題の根っこも、まさにそこにあるということだからだ。

話が根っこに行き着くにはまだ先は長そうだし、と、煎餅に飽きた俺はダッシュボードに投げたハイライトを手にした。

解散総選挙で自民党が議席を減らした理由をひとしきり語り、福田赳夫が入閣したところで上がり続ける土地の値段を止めることはできないし、そのあおりで物価は上がりっぱなしだと続けた村井さん。

確かに、なのである。田中総理大臣の誕生から一年、六〇パーセントあった内閣支持率は二七パーセントまで落ち、それに反比例するように物価状況は天井知らずと言っていいほどのインフレだった。

中東での戦闘が勃発する二週間前、京都新聞の社説に「生活保護費のアップと物価」が掲載されたのを俺は覚えている。前日の閣議で生活保護費の五パーセントアップが決まったと伝え、その背景を書いた記事によると、上がりっぱなしの物価は七月の時点で全国平均一一・九パーセントの急上昇だというから、生活保護費だって上げないわけにはいかないわけである。九月に入ったあたりからの新聞をざっと眺めただけでも「国鉄運賃」「関西電力」「大阪ガス」の名前がでてくる。揃いも揃って二三パーセントほども料金を上げるというのだ。ガソリンの値上げが決まり、凍結のはずの灯油も、家電製品も冬物衣料も、国民生活とは直結していない特殊鋼に至るまでの大幅値上げ。値上げしない商品を探した方が話が早いと言っていい。こうした事態を指し、行政管理庁長官の福田赳夫が「現在の悪性経済の根源は土地価格の暴騰だ」と発言したとかで、京都新聞は、その言葉の裏側にあるのは「日本列島改造論の行きすぎへの批判だ」と書いていた。

村井さんが「日本列島改造論からや」と言ったとおり、その延長線上で検討され、三〇〜五〇パーセントの幅で値上げが本決まりになってきたタクシー運賃。

「自分、タクの今の運賃が初乗り一五〇円になったの、いつか知っとるか。二キロまで一二〇円が一五〇円になったの、田中角栄が総理大臣になる、つい五か月前やったんやで。意味、わかるやろ。あれからまだ二年も経ってへんのに、また運賃上げんといかん状況になりました、て。しかも暫定やて。一年もせんうちにもういっぺん上がるっちゅう意味やからな、客にしたらな、ええ加減にせぇよ、となるんとちゃうか」

　そこまで話してまたショートピースに火をつけた村井さんは、青白く漂う煙を目で追いながら、「わしらの給料かてな」と続けた。

「運賃が上がるやろ、来年の春闘、見とってみ、給料、上がらへんで」

「何でですか」

「会社の言い分はわかっとる。『運賃が上がったぶん、そんだけで黙っとっても水揚げが増える。そやし歩率を上げんでも給料は上がるやないか』ちゅう理屈や」

　値上げになったら客は乗り控えるから、実際には水揚げが運賃値上げ分ほど上がることはない。だから春闘で歩率が上がらなければ運転手の収入は減るかもしれない。少なくとも増えることはない。村井さんはそう言ったのだ。そして、「石油危機のせいにしとるけどな、タクの運賃は、石油危機のずっと前から値上げせなしゃあない状況になっとったんや。日本列島改造論からな」と吐き捨てるように言って立ち上がった。

林利男さん

一九七三年一二月一日〜一九七四年二月二五日

先月の卸売物価は、つまり、石油危機のあおりをもろに受けた一九七三年一一月の卸売物価は、前の月に比べ七・一パーセントも上がっていた。この数字、敗戦直後に記録した八・二パーセント以来のけたはずれの上げ幅だそうで、そのことを指し、日銀が「終戦直後なみの暴騰」と発表したとテレビや新聞が叫んでいる。どこかの新聞が「主要国で最高の上昇率」とも書いた、その日の深夜のことだった。

「運転手さん、あんた林利男いうんか。昔な、A級一班[*14]の有名な競輪選手で林利男いうのがいてな、わし、好きな選手やった」

午前一時を過ぎた北大路通りに人の姿はまるでなくて、大徳寺あたりは商店が並んでいるわけでもないから街灯の光が届かない歩道は薄暗い。それでも五〇年輩とおぼしき男が手をあげる姿を遠くからでも確認できたのは、大徳寺のすぐ東側の信号機のあたりが街灯に照らされていたからだ。男はそこに立っていた。乗り込むなり、ぞんざいな口調で「宇多野や」と目的地を告げ、それっきり、どこをどう行けとの指定をすることもなく黙り込んだ。その彼が、フロントガラスの左端に、申しわけ程度に掲げてある小さな名札に記された「林利男」の文字を見つけるや「有名な競輪選手と同じ名前やな」と親しみを込めたような口調で言ったのだった。

おっくうというほどの手間ではぜんぜんないのに、この日も自分の名札と入れ替えるのを忘れたまま仕事にでてしまっていた。

いや、これ、俺じゃないです、相勤の名札ですと説明するのも面倒だから、へ〜ッ、と返してごまかしたけれど、林利男さんは、村井誠一さんの次に組んだ、俺にとっては三人目の相勤で、乗客が言った「有名な競輪選手」その人なのだ。

日本サイクリストセンター（現在の日本競輪選手養成所）の六期生として一九五三年（昭和二八年）に選手登録した林さん。「力道山は、巡業で滋賀県にくると、わしをよく食事に誘ってくれた」と話してくれたことがあったから、現役時代はずいぶん花形の選手だったのだろうと想像はつく。けれど、選手寿命が長いと言われる競輪の世界にあって、二〇歳でスタートした林さんの競輪選手としてのキャリアは一四年で終わっていた。ある日、レース中に転倒した選手が何台もの後続車に轢かれて死亡する事故が起こるのだけれど、林さんは後続車群のなかにいたひとりだった。

「それがあって、もうやめようと決めたんや」

競輪の世界から身を引いたわけを淡々と話してくれる林さんなのである。

四宮の東の外れの、山を削って造成した高台の住宅地に家を建てたのは「競輪界を去った翌年」と言っていたから、一九六八年（昭和四三年）のはずである。現在は、その二階家で、三歳下の奥さん（さかえさん）、高校二年生の長女と、中学二年生の長男の一家四人暮らし。一階では奥さんが『さかえ美容室』を営んでいる。林利男さんは四二歳。とにかく面倒見のいい親分肌の人で、自分の娘と六つか七つしか歳が違わない若造の俺なんかが相勤では不満だろうに、でも、そんな素振りは少しも見せず、「うちに遊びにこいや」と、いつも夕食に誘ってくれるのである。

その林さんと相勤になったのは、村井誠一さんと俺が乗っていた一二七号車が一二月に入ってすぐに代替で新車に変わったからだった。村井さんがそのまま新しい営業車を担当するのは当然としても、俺は入社してまだ半年の新米だから、新車なんてとても乗せてもらえる身分じゃない。「雨でも洗車」だけでなくタクシー業界にはいくつもの不文律が存在しているのだけれど、営業車を担当するにしたって年功序列みたいな順番があるのもそのひとつなのだ。

「一〇月の途中から、仕事、休んどったんや」

一か月ほど前、相勤として初顔合わせをしたとき林さんはそう言った。

「二〇リッターではしんどいやろ。下鳥羽のスタンドまで走んのかなんし、それやったら休んだろかというわけや」

一か月半も会社にでてこなかった事情を事もなげに話す林さん。その時点では彼が有名な競輪選手だったなんて俺は知らなかったし、奥さんが美容室を開いていることもまだ知らない。この人、長いこと仕事を休んでるのに自家用車はホンダの新車だし、どうなっているんだろうと不思議に思ったのを覚えている。それから親しく話すようになって、林さんは俺を気に入ってくれたのか、よく自宅に招いてくれるようになった。そうしているうちにわかってきたのだけれど、谷津さんや畑野はもちろん、俺も含め、たいがいの運転手は基本的にクルマの運転が好きだからタクシーに乗っているものだけれど、林さんはそこが違っていた。それだけでなく、他の多くの運転手たちとは生活スタイルからしてまるで異なる人だった。そもそも仕事の話なんてしてるのを聞いたためしがない。言葉にこそ表すことはないけれど、本当はタクシー仕事での給料なんて当てにしてないんじゃないか、傍からみるとそんなふうにさえ思えてしまうときがある。

あれは深夜の一時を過ぎた頃だったろうか。御陵で客を降ろし河原町に戻る途中、三条神宮道の交差点の手前でクルマを止め、ちょっと休憩と、タバコを吸っていたときのことだ。対向車線を走ってきた――河原町の方から山科方面に向けて三条通りを走ってきた――白いシビックが俺の立っている前を通りすぎたところで止まり、バックした。止まった場所は道を挟んだ俺の正面で、何事、と見たら、ドアを開けて降りてきたのは林さん夫婦だった。見慣れたタクシーの横に突っ立っている俺の姿に気がついて、わざわざ戻ってきたのだった。

「なんや、休憩か」

林さんは向こう側から大きな声でそう言い、彼の横では、さかえさんがシビックにもたれかかるようにして笑顔を俺に向けていた。

さかえさん、やっぱり派手な人だなぁ、と、このときあらためて思った。林さんの家におじゃまして家族に混じって夕食をごちそうになるのはしょっちゅうだが、自宅で見てもさかえさんはいかにも華やかな感じがする女性で、俺はひそかに、さかえさん、派手っぷりや雰囲気が『絹の靴下』とかいうのを歌っている新人歌手の夏木マリみたいだなと思っているのだ。

三条通りの端と反対端で大声を張り上げて話すのもなんだから、俺が小走りで道を渡った。

一か月前の深夜の三条通りは行き交うクルマの数も少なかったけれど、年があらたまってからというもの、石油危機が山場を越したそうで、まちがいなくそれが理由だと俺は思っているが、深夜の交通量は石油危機の前と同じに戻っているようだ。

「木屋町の帰りなんや。わしは飲んでへんけどな」

木屋町のスナックで、という話をこれまでも何度か聞いたことがあるから、このふたりにしたら珍しいことではないのだろうけれど、夫婦で頻繁に夜の木屋町に繰りだすタクシー運転手なんて、少なくともうちの会社では林さんを除いてほかにはいないだろう。さかえさんは酒豪らしいが林さんはまったくの下戸で、それでも、そういう遊びの場が嫌いではないらしいのだ。

「気ぃつけてな」

別れ際、林さんは仕事に戻る俺に言い、さかえさんは「明日、公休やろ、みやびちゃんとご飯食べにきたらええ」と言った。


六大都市のタクシー運賃が一斉に値上げになり、京都の小型タクシーの初乗りが一五〇円から二〇〇円になったのは、村井さんの日本列島改造論批判の日から二か月後、年があらたまった一九七四年（昭和四九年）一月のことだ。村井説どおり、インフレのあおりを受け三〇～五〇パーセントの値上げの必要に迫られていたタクシー業界は、そこに降って湧いたオイルショックで値上げ幅を大幅に修正しなければならない状況になっていた。業界が求めた値上げは七〇パーセント。本当にそのとおりなら初乗りは二五〇円とか二六〇円にまで上がってしまうし、さすがにそれは運輸局が認めないだろうと思ったが、結果は、村井さんが予想していたのと同じくらいの数字、二九パーセントに落ち着いた。

初乗り運賃が二〇〇円になった、その初日、一九七四年一月二九日の朝である。

「どや、新しい相勤は。仲良うやっとるか」

もうすぐ七時になるというのに、とっくに家に帰って寝ているはずの村井さんがショートピースをふかしながら言った。俺が五五号車に乗りかえたのは一二月の初めだったが、あれ以来、村井さんと顔を合わせるのはこのときが三度目だか四度目だった。俺の乗務シフトが少しずれたものだから、彼とだけでなく、このごろは谷津さんや畑野といっしょになることもなかなかない。

「三時には洗車も終わっとったんやけどな、広い湯船に浸かりとなってな久しぶりに会社の風呂に入ったんや」

こんな時間まで帰らずに居残っていた理由を聞く前に先まわりして村井さんは事情を話し、風呂上がりに一杯やって、夜勤を終えた連中と話し込んでいたらすっかり遅くなってしまったのだと付け加えた。

「雪やで、今日は。無理しなや」

音羽山のてっぺんが黒い雲に覆われていて、そこで降る雪を西向きの風がうちの会社まで運んでいた。真上が青空でも明け方はいつもそんな調子なのに、ましてや今日は一面の曇り空ときているから、これはもう雪が降り続くと考えておかないといけない。真冬だろうと、スノータイヤはもちろん、タイヤチェーンの用意すらないうちの会社である。雪道の安全も自分の腕だけが頼りだから「無理しんときや」と村井さんの言葉につながるわけなのだ。それから、おっと大事なことを言い忘れたとばかり、こう続けた。

「料金換算表いうの、忘れたらあかんで」

冗談めいた口調だったから、俺も笑って「わかってますがな」と返したが、これからしばらくは、客が乗るたびに換算表をお題に同じ会話をするのかと思うと、仕事にでる前からその状況に想像がついた。

運賃値上げの日だと知らないはずはないのに、京都駅のタクシー乗り場には予想外の大行列ができている。どう見たって観光客とは違う、今日は雪がちらついて寒いからタクシーで会社に行きます、みたいな人たちの列。寒さのせいか、タクシーを待つ列の長さはいつもの倍くらいはありそうだ。京都新聞はこの日の夕刊で「タクシー暫定値上げ発車」の見出しをつけ朝の京都駅のタクシー乗り場の様子を伝えることになるのだけれど、そこに載った写真は、まさに俺の目に映った朝の光景だった。

俺が乗せたのは、行き先を言う前に「タクシー、一〇分も待ちましたわ」とぼやいた黒いコート姿の中年の男で、「出町柳《でまちやなぎ》」と目的地を告げてから「今日からタクシー値上げやね」と予想どおりの話が始まっている。

「乗らんとこと思とったんやけど、電車降りたらこの雪や。まっすぐタクシー乗り場に足が向いとった」

「きのうまでやったらな、京都駅から出町柳の駅まで三九〇円やったんやけど、今日からなんぼになるんやろ」

男が尋ねたのは烏丸五条《からすまごじょう》の信号が赤に変わったときである。もっともな質問だとは思ったが、俺にしたってこれが値上げになって乗せる三人目の客なのだ。出町柳までの新料金なんてわかるわけがない。確かなのは、メーターに表示された金額が初乗りの一五〇円のままなら料金は二〇〇円、ということだ。

「ちょっと待ってください。確認してみますから」

そう言って換算表を手にすると、それを見た男の「ほんまに暫定なんやな」と呟くような口調が、何だかすごくリアリティを感じさせた。

二九パーセントの運賃値上げ。これは暫定料金とかいうやつで、年内にもういっぺん三二パーセントの値上げが決まっている。間を置いて二段階での値上げなら利用者が受ける「大幅値上げ」の印象は少しは薄れるだろうし、これならタクシー業界も納得するだろうという判断が役所にあったのだと思う。とにかく、「またすぐ値上げ」がわかっているだけに、費用がかさむ料金メーターの交換は一回で済まそうと、よその都市の事情は知らないが、京都のタクシーは、初乗り一五〇円のメーターのまま換算表を持っての仕事となったわけなのである。出町柳までの料金がきのうまでは三九〇円だったから、ほら、お客さん、この換算表を見てください。メーター表示が三九〇円なら、料金は五〇〇円と書いてあるでしょう、と換算表を見せることになる。

秀吉の醍醐の花見の醍醐寺は、住所こそ伏見区だけれど地図上では小野小町の随心院《ずいしんいん》の少し先でしかないから感覚としては山科みたいなもので（伏見区の住人がそう考えているかどうかは知らない）、だから山科の住人としては地元の寺も同然の醍醐寺でイベントがあれば足を運ぶのは当然、と、俺は勝手にそう思っている。その寺に千年以上も前から伝わる『五大力尊仁王会《ごだいりきそんにんのうえ》』。不動明王とか金剛夜叉明王とかの五大明王に国の安穏や人々の幸せを願う法要で、京都の人は、親しみを込め、たいがい「五大力さん」と言っている。この日に授与される御札を求めて京都はもとより全国から参拝者がやってくるとは聞いているが、実を言うと、詳しいことを俺は何も知らない。しょせん下世話なものだから、ただ五大力さんの『餅上げ力奉納』を見物してみたかっただけなのだ。男は一五〇キロの、女は九〇キロの巨大な鏡餅を持ち上げ、その時間を競う名物行事。去年、その様子を報じたテレビのニュースを見て、来年は見物に、と決めていたのだ。

「わたしらも見たことないけど、餅上げ、すごい人気なんやてな」

みやびさんと五大力さん見物に行ってきたと話したら、さかえさんはいつもの笑顔でそう言ったが、林さんは俺の話なんかまるで聞いてないふうで、さっきからずっと、俺が山科駅で買ってきた二五日の朝日新聞・夕刊に釘付けだ。この日の衆議院予算委員会で行われた物価集中審議の様子が載っていて、林さんは五大力さん話などお構いなしに「ほんまに、どないなっとるんやろ」と、ひとり言なのか、さかえさんや俺に相槌を求めているのかわからないけれど、そう言うのだった。社会党の楢崎弥之助が「つくられた石油危機、品不足、狂乱の物価高。どうしてこうなったか、犯人はだれか。国民は真実を知りたがっている」と委員会で発言したと記事は伝えていて、林さんは、それに対して「ほんまやな」と言ったのである。

事の成り行きは、大蔵省が一月に発表した貿易統計で原油の輸入量が明らかになったところから始まっている。

中東で勃発した戦闘から二週間ほど経ったある日、突如としてテレビや新聞が騒ぎだした石油危機。通産省や石油業界が「産油国による供給削減の影響は一二月にもっとも強くでる」と断言していたのを俺は聞いたか読んだかした覚えがある。実際、石油関連の製品は、物不足とばかみたいな値上げが続き、俺にしたって下鳥羽の山川石油で長い列に並んだあげく「今日は売り切れました」を味わったりもしたけれど、その一二月の原油輸入量は、石油危機前の九月と比べて二・一パーセントしか減っていなかったというのだ。一年前の同月との比較では〇・九パーセントの増加だし、あれもこれもの値上げが始まった一一月と比べると五パーセントほども多く入っていた。さらに、去年一年間のトータルでは、前年よりも一六・二パーセントも輸入量は増えていたというのである。

だったら、どうして石油は不足してしまったのか、なんで俺らは二〇リットルしか給油してもらえなかったのか。一〇リットルしか入れてもらえない日だって何回もあった。あれは何だったんだと言いたくなる。

実は、去年一二月の石油の販売総量は、一年前の同月よりも六・九パーセント少なかった。原油の輸入量は増えているのに、販売量が六・九パーセントも減っていたのである。どうやら、石油危機をいいことに、石油元売り会社が売り惜しみと備蓄をしていたということらしい。原油の精製量を制限し、値上げ協定を結んだのである。元売り会社のひとつ、ゼネラル石油にいたっては、自分らがつくりだした石油危機を「千載一遇のチャンス」だと言って系列店に値上げを奨励していたというのだから、そのことを報じるニュースに釘付けの林さんが五大力さん話をそっちのけなのも無理はない。

紙面の四分の一くらいのスペースを割いた長い記事を読み終えた林さんは、開いたままの新聞を横に置き、視線を上げて飲みかけのコーヒーに手を伸ばした。紙面の下段に『女性自身』のでかい広告が入っていて「加賀まりこが電撃挙式」の大きな文字が俺の目に映った。林さんが我に返ったような顔をして言ったのはそのときだ。

「そうか、みやびちゃんと五大力さん、行ってきたんか」

＊1　長州藩の大敗で終わった蛤御門の変（一八六四年・元治元年）の後、町の人々の間では長州藩士がまた焼き討ちなどをするかもしれないといった類の噂が囁かれ、それを見過ごさなかった京都の町奉行所は、二十数か所の制札場に長州藩の罪状などを掲示した。「禁門（筆者註・御所の門＝禁門）に発砲し逆罪明白につき」の一節を含むその制札は、蛤御門の変からあしかけ三年、失敗に終わった第二次長州征伐（一八六六年・慶応二年）の後も――幕府の威信を保ち「朝敵は長州」を示す意味があってか――撤去されることはなかった。そして第二次長州征伐から二か月ほどが経った頃、三条大橋西詰の制札場でそれは起こった。「禁門に発砲し云々」を記した制札が何者かによって真っ黒に塗りつぶされ鴨の河原に打ち捨てられた。すぐに新調してもまた捨てられ、都合三度も続いたものだから新撰組が警備についた。張り込みから一二日目の夜に事件は起こる。血気にはやる八人の男（後に土佐藩士とわかる）が現れ、制札を引き抜こうとしたところで新撰組と切り合いになり多くの死傷者がでた。

＊2　京都市内のタクシー料金は車種によって大型、中型、小型に分かれている。もっとも一般的な小型タクシーは、それまで二キロまでの基本料金一二〇円だったものが、一九七二年に基本料金が一五〇円となり、爾後料金は五二五メートルごとに三〇円、貸し切り料金は一時間ごとに一〇〇〇円に改定された。

＊3　一九六五年、当時三五歳の山村彩香は秋田治（当時二五歳）が運転するタクシーに乗り合わせたのをきっかけに知り合う。預金伝票を偽造した山村が、六年間、一三〇〇回にわたって横領した金は九億円におよんだ（ともに仮名）。

＊4 就職して六か月を過ぎると失業保険の受給資格が得られ、退職しても一か月以内に再就職が決まった場合には就職支度金を受け取ることができた就職支度金制度。金額はそれまでの勤務実績によって違いはあるものの、当時の京都新聞の記事によると、タクシー運転手への支度金の平均支給額は一五万四二〇〇円。これに一か月分の失業保険金の約五万七〇〇〇円を加えると手にするのは約二〇万円。一年間で二回は就職支度金を目当てにタクシー会社を変われるから合わせて四〇万円超になる。失業保健法の不備を利用し六か月ごとに就職支度金を受け取るタクシー運転手が全国的に増えたのを受け、労働省（当時）は失保法の施行規則等を改正。「二年以内に同一業種に再就職した場合は支給しない」とした。

＊5 山科は一九七六年に東山区から分区して山科区に。

＊6 ユダヤ教にとってもっとも神聖な祝日、ヨム・キプル（贖罪の日）。一九七三年は一〇月六日がその日に当たる。悔い改め神の許しを求める祈りの日、日常の活動はすべてがストップする。やはり休止していたイスラエル国営放送が、急遽、放送を再開し、市民に「戦闘が始まった」と伝え「戸外にでないように」との警告をだしたのはその日の午後のこと。スエズ運河を挟んで緊張状態が高まっていたというが、この日、エジプト軍が渡河し、一九六七年からイスラエルが占領しているシナイ半島に攻撃をかけた。他方、やはりイスラエルが占領しているゴラン高原ではシリアの空軍が攻撃を開始した。

＊7 京都市は入洛観光客の数が四〇五一万人に達した二〇〇〇年（平成一二年）に「観光客五〇〇〇万人構想」を発表。目標達成を二〇一〇年に定めていたが、二年早い二〇〇八年

に五〇一二万人を達成した。翌二〇〇九年、世界的な景気の低迷もあって入洛観光客数は四六九〇万人に落ち込んだが、その後は回復傾向を続け、二〇一五年は五六八四万人に。以降は三年連続で減少。二〇一八年は五二七五万人だった。

＊8 一般的な会社の賃金と同じように家族手当やら住宅手当やらの固定給があり、そこに歩合給が付くA型賃金。完全歩合給と言っていいB型賃金。本文中にもあるように水揚げに応じたプール金があるAB型賃金。名目上の支払い方法は違っても、結局は、運転手の取り分に違いはない。

＊9 ベトナム戦争で悪化したアメリカ経済。ニクソン大統領が、ドル防衛やインフレ抑制を目的とした新経済政策を打ちだしたのは一九七一年八月。ドル防衛の中心が、ドルと金との交換停止だった（＝ニクソンショック／ドルショック）。同年の一二月にはドルの切り下げが実施される。円は一六・八八パーセント切り上げられて一ドル＝三〇八円に。七三年にドルは再び切り下げられ、それを機に、日本を含め先進諸国は変動相場制へ移行した。一九六五年一一月から大阪万博が開催（三月一四日〜九月一三日）された七〇年の七月までの四年九か月間続いた景気拡大期（＝いざなぎ景気）。その間の実質成長率は一一・五パーセント。消費者はカラーテレビ、クーラー、自動車の、いわゆる「3C」を求めた時代だった。その後、下降線を辿っていた景気は、大幅な金融緩和策が功を奏し、ニクソンショックを機に切り上げられた円が一ドル＝三〇八円になった一九七一年一二月を谷に回復過程に入っていく。一七パーセント近くも切り上げになった超円高。ふつうに考えれば輸出産業は壊滅的な打撃を受け、景気回復はとうてい見込めない（実際には輸出産業は貿易黒字を続けた）。そう判断した政府は内需拡大による景気刺激策をとる。そのあたりからインフレ傾向が現れる。第一次田中角栄内閣が成立したのはそうした時代のことだった。

＊10 祇園祭は、七月一日の吉符入り（神事始め）に始まる一か月間におよぶ長丁場のイベントである。平安時代の八六九年、全国に疫病が蔓延し、それを鎮めるために六六本の鉾（＝当時の国の数）を立て、神輿を奉じて神泉苑に集まって御霊会（＝祟りを防ぐための鎮魂の儀礼）を行ったのが始まり。鉾や山の原型の登場は九九九年。現在の、絢爛豪華な装飾をした鉾や山が現れるのは応仁の乱の後、桃山時代に入ってから。

＊11 三条大橋の東詰の先、三条通りをはさんで三条京阪駅の向かい側に、すでに営業はしていなかったが加茂川館（本館）があった。加茂川新館は、現在は加茂川館に名を変え、外観もリニューアルし、私が働いた時代の加茂川新館とはずいぶん雰囲気が違って高級感がある。学生時代の笑福亭鶴瓶がアルバイトをしていたというのは、後に仲居さんから教えられた。私とは数日間だけ時期が重なっていたそうだが、私にはその記憶はない。

＊12 天台宗の門跡寺院。秋は紅葉が見事だし、境内のしだれ桜は有名。吉良邸に討ち入った赤穂浪士の処遇に窮した徳川綱吉は、毘沙門堂の公辨法親王に意見を求めたといわれている。大石内蔵助が隠棲した山科では、毎年一二月一四日に山科義士まつりが開催される。討ち入り装束の義士隊の行列が毘沙門堂から大石神社まで練り歩く。

＊13 首都圏と地方都市を交通網で結び、工業再配置によって過疎、過密化を解消しようという政策。総裁選の一か月前、通産大臣のときに発表。首相就任後、国土庁を新設して列島改造論を施策として進めた。日刊工業新聞社から刊行された『日本列島改造論』は九一万部を売り上げるベストセラーに。

＊14　現在はS級S班が競輪選手の最高ランクだが、林利男さんが現役だった当時の選手のクラス分けは、A級1班から5班までとB級1班と2班の計七層だった。

二章

バブルの熱狂と崩壊

東京　一九八八年〜二〇〇五年

新人運転手と赤阪のエリカ　一九八八年四月一日・一〇月一四日

つげの木の垣根が車道と歩道を分けている。その路肩に営業車を止めた磯辺健一《いそべけんいち》が運転席の窓を開け、白い手袋をとった右手を風に当てるように伸ばす。甲を撫でて流れる風に冷たい刺を感じ、朝の天気予報の「最高気温は一〇・五度」に頷いた。三月のこの一〇年ほどの気温は一二度弱が平均のはずだが、きのうは八度までしか上がらずに雪まで舞い、ここのところ妙に寒い日が続いている。

垣根の切れ間に建つ街路灯の白い光がフロントガラスを通して車内を照らし、それで勢いを増した室内灯の光量は新聞を読むのに恰好だった。暖房のスイッチを一段だけ「強」にまわし、シートの背もたれを大きく倒してから、さっきの客が放り投げるようにして助手席に置いていった読売新聞を手にとった。日付はすでに二日に変わっているとはいえまだ二時間だけだから、それは紛れもなく今日、四月一日の夕刊である。「京都」の文字が目を引いた。社会面の真ん中に、小さな見出しで「京都3寺院が〃拝観料〃再開」とあるぜんぶで二〇行ほどの記事は、古都税の廃止とそれにともなう寺社の動きを記したものだった。

ハチジュウロク、ハチジュウシチ、ハチジュウハチと指を折って数え、磯辺は、一九八五年（昭和六〇年）から始まったタクシー運転手としての自分のキャリアをあらためて確認するように

「二年と五か月か」と呟いた。

高校を卒業して稼業の寝具店の仕事を手伝うようになっていた磯辺健一にしてみれば、予告もなしの父親の廃業宣言に少しの戸惑いはもちろんあった。けれど、とにかくクルマの運転が好きで、中古で買ったケンメリのスカイラインを乗りまわすのが何よりの楽しみな彼が「次の仕事はタクシー」を意識するまでに長い時間はかかっていない。タクシー運転手の平均年収は四二八万円で厚生省が発表する全産業男子労働者の平均年収には六〇万円ほど及ばないのは調べてすぐにわかったが、それがさしたる問題だとも思わなかった。二種免許を取得するのに必要な資格、二一歳以上であることは五か月前にクリアしている。普通一種免許を取得してから「三年以上」のハードルもぎりぎりクリアしている。タクシー会社で働くなら日本交通がいいと言ったのは父親で、その言葉に従った二一歳の磯辺健一が「日本でいちばん有名だ」とも父親が言ったタクシー会社の面接を受けたのは、大ファンだった女優の夏目雅子が急性骨髄性白血病で亡くなった一か月後、甲子園球場で行われた西武対阪神の日本シリーズ第五戦を七対二で阪神が獲り、通算三勝二敗、タイガースが初の日本一を獲得するまであと一勝と迫った一九八五年一〇月三一日のことだ。後楽園にある事務所で行われた面接を終えた時点で抱いた「たぶん大丈夫だろう」の感触どおり、それから四日後、正式に採用の連絡が届いている。

新入運転手の養成所に一か月通い、その間に二種免許を取得し、東京タクシー近代化センター（現在の東京タクシーセンター）で実施する難関と評判の地理試験にも一回で合格した。所属するのは、借りたばかりのアパートに近い常盤台《ときわだい》営業所で、そこでの初日は指導員が同乗しての実地研修だった。営業所をでて川越街道を池袋に向かって走り、明治通りを右折して池袋駅前を通過ぎてもまだひとりの客も見つけることができず、そうでなくとも初乗務で胸がはち切れそうな緊張でいっぱいなのに、それが焦りの気持ちに変わっていた。すると焦りが増すにつれドクンドクンと打つ鼓動はどこまでも強くなり、吐き気をもよおすほど息苦しい時間が過ぎていく。明治通り沿いの高戸橋《たかとばし》の交差点を越えたところで若い女が手をあげた。新宿駅の東口までと言ったその女が、磯辺健一がタクシー運転手として乗せた最初の客だった。それから五日後、都合三回目の出番の夜に休憩で入ったデニーズだったかジョナサンだったか、ファミレスで読んだ朝日新聞の夕刊が、一面で「清水寺など有名10寺院　一斉に拝観停止」と書き、金閣寺も銀閣寺も、京都市が決めた古都保存協力税（古都税）に反対し一二月五日から拝観停止に入ったと伝えていた。文化財保護を目的として市内四〇の対象寺社の拝観料に、大人五〇円、子ども三〇円を課税しようという古都税。京都市仏教会はこれに対し、条例が施行されるや、仏教会に加盟する寺院の一部が事前に宣言していたとおり拝観停止を実行している。その直後の和解で解除になったものの、再びの拝観停止となったと伝える記事だった。すぐ下には東京外為市場の終値が二〇三円とも書いてあった。わずか二か月半前まで一ドルが二四〇円前後で推移していたのに、九月のプラザ合意[*1]を境に異様なペースでの円高が続いていた。新聞には「円高不況」の文字が必ずどこかのページに載っていた。

あれから二年と五か月。大きなニュースにもなった古都税騒動に特段の興味を惹かれることはなかった磯辺健一だが、それでもタクシー運転手としての自分のキャリアと時期がぴったり重なる出来事としてずっと気にはかけてきた。その古都税が廃止になり、清水寺、随心院、泉《せん》涌《にゅう》寺《じ》の三寺院が、参拝者の自主性に任せていた志納金ではなく、以前と同じ拝観料の徴収に戻したと四月一日の読売新聞が小さく伝えている。それは、これから何年か先、運転手になってどれくらいと指折り数えるときがあるとしても、同時に古都税を連想することはもうないという意味だった。あの頃から始まった円高はなおも継続していて、近ごろは一ドルが一二四円にまでなっている。ところが、ここのところ「円高による不況」をとんと耳にしない。そして、今朝の新聞は「地価高騰」を大きく報じていた。田中角栄の時代に記録した狂乱地価に次ぐ勢の急騰なのだという。

何か関係あるのかもしれないと磯辺は思った。今夜の客にもひとりいたが、たいした距離も乗っていないのに、一万円札をだし「釣りはいらないから領収書だけくれ」と言った。最近、そういうことがよくある。

エリカという名前はどういう字を書くのか聞きそびれたままにしているが、彼女は磯辺健一より四歳上だから二八歳の、赤坂のバーに勤めるホステスである。

週末はタクシーを捕まえるのに苦労すると彼女が話していたのを思いだし、磯辺は、店がはねる時間を見計らっていちどだけエリカを迎えに行ったことがある。店の名が『黒猫』なら入口のドアも真っ黒で、猫のシルエットに切り抜いた黒い木の看板までぶら下げる念の入れようだとは聞いていたが、小さいながらもわかりやすい外観のその店は、溜池の交差点の手前を斜めに入って、六本木通りとの中間あたりと教えられた場所にクルマを寄せ、路地を覗いたらそこにあった。

日付のうえでは土曜日だが、金曜日の深夜二時の赤坂界隈は人通が途切れる気配はまるでない。外堀通りから一本だけ道を入ると、タクシー運転手には見慣れた光景であるはずなのに、営業の意識がないこの夜の磯辺の目には、こんな時間に、こんなに大勢の人が、と映った。迎車を見かけることはあっても、このあたりには、空車も実車も、そもそもタクシーが走っていない。空車を捕まえようと思ったら、とりあえず外堀通りか六本木通りにでるしかなさそうだが、そうしたところで週末の深夜だ、やすやすと見つかるわけがない。エリカが「乗るまでがひと苦労」とぼやくわけだ。

フェンダーのあたりに寄りかかり、磯辺健一はポケットから取りだしたチェリーに火をつけた。その瞬間にタバコの先から、ふッ、と流れでる煙は透明に近い鮮やかな青なのに、ふかして吐いた煙が白く変わるのはなぜなんだろうという疑問が唐突に浮かび、口のなかで水分を含むからだろうかと考えているときに、すぐそばで「横浜に行ってもらいたいんだけど」の声がした。一見して会社勤めとわかる風体の中年男が、やはり会社員ふうの若い女の肩に手をまわしたままで磯辺の前に立っていた。

「いや、これ予約なんで」

「回送ってなってるじゃない。横浜まで二万だすからさ」

回送標示をだしているのに、エリカが姿を見せるまで一五分ほど待つ間に、大宮まで二万で行ってくれだの鎌倉まで乗せてくれないかだのと、道行く男女が入れ代わり立ち代わり景気のいい声をかけてくる。彼女に迎えに行ってやると電話したときからこうなるのはわかっていたつもりだけれど、それにしても、その数の多さと、どうせ会社の経費だろうに金に物を言わせようとする態度は想像していたよりもずっとすごかった。そのなかにひとり、いわゆる四社チケットをこれみよがしにぱたぱた振って「乗せてよ」と寄ってきた若い男がいた。大きな会社がタクシーチケットを乱発しているとしか思えないのだが、ここ一年くらい、この手合いが妙に増えた。仕事中の磯辺なら、ロングの客だな、とドアを開けるところだが、今夜のようにまるで違う状況で目にするチケット振り男は、何とも滑稽な姿に見えるものだとおかしかった。するとそのとたん不快感に襲われて、来なきゃよかったと後悔が込み上げてくるのだった。

「ごめん、待たせちゃったね」

笑顔のエリカが磯辺健一の手を握った。

二か月前のことだ。

抜弁天《ぬけべんてん》の信号の角から「近くまでだけど」と乗り込んだ夜の商売ふうの黒いスーツ姿の男は、このまま真っ直ぐ明治通りを突っ切って、次の信号を左に曲がったところで止めてくれと指定した。料金四七〇円のところに千円札を二枚だし「近いのに悪かったね」と言って職安通りと区役所通りが交差するあたりの歌舞伎町の入口で彼が降り、うまい具合にそのすぐ前に立っていた若い女が、ちょうどよかった、みたいな顔をして開いたままのドアから顔を覗かせ「いいかしら」と笑顔を向けた。裾のあたりがキラキラするラメ入りのタイトなスカートをはいているからと言うわけではないけれど、どこから見ても水商売とわかる雰囲気を漂わす、顔の造りが少しばかりバタ臭い感じの美人だった。仕事を終えての帰りだろうから行き先はどうせ近所に決まってる。これが銀座や赤坂なら無視を決め込んで走り去り上客を物色するところだが、なにせ深夜三時過ぎの歌舞伎町だ。客を選んだところで大した変わりはないと経験的に知っている磯辺健一が、いつもどおりの素っ気ない調子で「どうぞ」と返して走りだす。

近場と思ったその女は「世田谷の東京農大のあたりまで」と行き先を告げ、どんな顔をして言ったのか前を向いたままの磯辺にはわからないが、彼の胸の内を見透かしたように「微妙でしょう」と続けるのだった。

深夜の時間帯、歌舞伎町から東京農大あたりまでだと確かに微妙だ。料金は、いってもせいぜい三〇〇〇円くらい、そのくせ下っ走りだから時間はかかる。目的地で客を降ろし、飛んで帰ったところでこんな時間だ、銀座はもちろん、赤坂にだって上客はまず残っていない。いっそのこと行き先がワンメーター、四七〇円の距離だったらもう一勝負かけられたかもしれないのにと磯辺は胸の内で舌打ちし、それにしてもこの女、時間帯と行き先から「微妙」と自分から言いだすくらいだ、仕事がら当たり前なのだろうけれど、タクシーに乗り慣れているなと思った。

「運転手さん、若いんじゃない？」

「若いよね、二五くらいかな。もっと若い？」

明治通を真っ直ぐ渋谷に向かい、ニーヨンロクの三軒茶屋のあたりまで行ったところで信号待ちをしているときに女が話しかけてきた。

「ね、運転手さん、お腹すいてない？　ご飯たべに行かない？」

思いもよらない突然の誘いだった。

えッ、と戸惑い、咄嗟の答えに窮する磯辺健一だったが、女は、もう磯辺がウンと言うと決めてかかっているようで、行き先の候補のいくつかを口にしていた。

「イソベ・ケ・ン・イ・チ」

身を乗りだすようにして助手席の向かいに写真入りでかざした運転者証を見て、女は、そこに書かれた磯辺の名をなぞるように読み、「健一」のところを「ケ・ン・イ・チ」と思わせぶりに声にした。

「そっか、運転手さん、名前、健ちゃんっていうのか。二四だと、私の方が四つお姉さんだね」

磯辺は考えもしなかった事の成り行きに面食らい、この女がどこまで本気で言ってるのか判断がつかず、そういえばタクシー運転手を狙った美人局《つつもたせ》みたいな話があったなと思った。そんな面倒は御免だけれど、その一方では、もし本気なら、こんなこと本当にあるんだな、と、先輩運転手たちが言っていた話はまるっきりの法螺《ほら》ではなかったんだと驚いていた。タクシー経験が長い運転手たちの昔話が始まれば、決まって運転手とホステスがねんごろになったとかいう武勇伝で、やれ、あいつは赤坂のホステスと付き合っていたただの新宿の女と同棲したただの、だ。運転手とホステスはどっちも夜の住人だからシンパシィを抱きあい、だからそんな関係になるのはちっとも珍しい話じゃないみたいに。一〇年、二〇年前じゃあるまいし、その手の話が山ほど転がっているはずがないと半信半疑なものだから、また先輩連中の武勇伝が始まったくらいに受け流していた磯辺だが、それがいま、自分の身に起きていることに驚いたのだった。

「じゃ、この近くのファミレスで」

行き先を決めたのは磯辺だった。女の目的地である東京農大を通すぎ、三本杉陸橋の交差点を左折すれば環八沿いにデニーズがある。とりあえずファミレスなら無難だし、駐車場の心配をする必要もない。

「新宿の女だと思ってるでしょ。違うの、私、赤坂のバーで働いてるのよ。お客さんの付き合いで新宿で飲んだ帰り」

さっきまでの客と運転手がファミレスで向かい合って座るというのは何とも照れくさいもので、女の顔をじっと見つめることができずに視線のやり場に困ったが、それも最初のうちだけで、磯辺がチェリーを、女がマイルドセブンを吸い終わる頃には、磯辺は笑顔の自分がそこにいることに気がついている。

女は「エリカ」と名乗った。ひと昔前までなら珍しくもない〝タクシー運転手とホステス〟の話だが、磯辺健一とエリカはこうして出会ったのだった。

磯辺はメニューを見ないままコーヒーに決めたが、エリカはチーズをつまみに安物のワインをデカンタで注文し、飲み始めるとすぐに「ねぇ、健ちゃん、これから私のうちにいこうよ」と言った。まるで屈託のない言い様につられて「うん」と返しそうになった磯辺だった。けれど、少し躊躇した表情を見てとったのか、彼女は「じゃあ、これでドライブしようよ」と言い直し、ハンドバッグからタクシーチケットの束を取りだした。磯辺が見慣れている四社のものだけでなく、東京無線やらチェッカーグループやら、トランプのカードでも並べるようにテーブルに広げた大量のタクシーチケットは五枚や一〇枚ではきかない。それこそトランプができそうだった。

「何でこんなに持ってるの」

「お店にくるお客さんがくれるのよ」

「健ちゃんのタクシー、これで乗れるんだよね」

四〜五枚の四社チケットを手にしてエリカはそう言い、タクシーチケットをくれるのはたいてい会社勤めのサラリーマンで、「これ、やるよ」とテーブルの上に置くときの表情は、若い男も中年の親爺も揃いも揃ってみな同じだと続ける。

「小遣いやるよ、みたいな顔するのよ。会社のチケットなのにね。『うれし〜ッ』とか言うと思ってるのよ。だから『うれし〜ッ』ってやるとニコニコしちゃって、ホステスに自分の会社のタクシーチケットをまいて喜んでいるんだから、よっぽど景気がいいんじゃないのかしらね」

「横浜、行こうか」

エリカは言うと同時に席を立ち、ワインをずいぶん残して店をでた。

磯辺が自動ドアのレバーに手を伸ばす前にエリカは助手席のドアを自分で開け、当たり前のようにそこに座るや、「じゃあ、運転手さん、横浜までお願いします」とあらたまった口調でタクシーの客ふうに行き先を告げた後、笑顔を見せた。

用賀から東名に入り、横浜インターチェンジをでて山下公園に向かった。けれど、そこまで行ったところでクルマから降りるわけでもなく、世田谷から赤坂まで通うのは面倒だとか、ゆうべの客がどうしたとか他愛もない話をしているだけのドライブだった。第三京浜で世田谷まで戻り、エリカを東京農大近くのマンションまで送り届けたとき、時間はとっくに五時をまわっていた。

ブルーラインタクシー　一九八九年三月二九日

東京のタクシー[*2]の数は二万二〇〇〇台強で、それを効率よく稼働させるのに必要な運転手は約五万五〇〇〇人なのだというが、実際には五万八〇〇〇人近くもいる。不況になれば運転手は増え、逆に、景気がよくなれば数は減る。昔から変わらないタクシー業界の常識からすれば現状は少しおかしな事態だといえそうだけれど、とにかく現実問題として運転手が溢れている。

それが意味しているのは、タクシー会社の車庫に遊んでいるクルマはなく、保有している営業車の稼働率が高いということでもある。磯辺が勤める会社にしてもそれは同様で、彼が籍を置く常盤台営業所には五〇〇台を超える営業車があるのだが、運転手はその二・七倍もいるのだ。もっぱら自分と自分の相番が乗る担当車を持たない運転手が一〇〇人単位でいるという意味である。彼らは、彼らが勤務する日に空いている誰かの担当車で営業にでるしかなく、そうした運転手をタクシー業界では「スペア」と呼んでいる。

日本交通は老舗のタクシー会社らしく、運転手が担当車を持てるようになるのも年功序列で、それと同時に、一〇人前後の運転手をひとつの班とする小集団管理体制が敷かれている。運行管理者を頭にいくつもの班が作られ、それぞれに班長がいる。担当車を持つ運転手はそのどこかの班に属するわけだけれど、担当車を持たない者は班には属さないスペア扱い。さらに、スペアにもSとSSに階級が分かれていて、入社して二年間ほどは、どの班の何号車に乗って仕事にでるのか出社してみないことにはわからないSS。いわば下積みの、さらに下積み運転手の立場からのスタートである。スペアであるのは同じでも、SSからSに上がると乗務するのはいつも決まった班の空き車になる。昇格まで約二年。そんな不文律があるにもかかわらず、磯辺は一年半も経たないうちにSにあがり、どういうわけか彼に何くれとなく目をかけてくれる塚本悟《つかもとさとる》が所属する班のスペアになった。それからわずか一年後、運行管理者に「イソケンを相番に」との塚本の強引な押しが効いたらしく、磯辺健一はスペアを卒業し彼の相番として二三五号車を担当するようになっていた。二年半で担当車を持つのが異例なら、そのクルマが三〇万キロも走ったお古でなく下ろして三か月しか経ってない新車だというのも異例中の異例だった。

「国会裏は感度がいいから、夜はそこで無線待ちをしてろ」

まだスペアの運転手だったころの磯辺に教えてくれたのは、いまは彼の相番になっている塚本悟である。仕事ぶりや長けたリーダーシップで運転手ばかりか事務所の職員からも一目置かれている古参の塚本は、歳が二〇以上も違う磯辺健一を「イソケン」と呼び何かと気にかけてくれている。大宮市にある彼の自宅へ食事に呼ばれたことも何度かあって、子どもがいない塚本夫婦にしてみれば磯辺は息子のようなものなのかもしれない。

「夜はな、一二時過ぎて無線を待つなら国会裏だ」

「飯田橋の駅で付け待ちしてろ。列の後ろの方に止まって動くな。無線、神楽坂《かぐらざか》あたりからいいのが入る」

塚本の自宅に初めて呼ばれた日、夕食前のビールを飲みながら彼が最初に教えてくれたこの〝おいしい無線の仕事〟はいまも生きていて、飯田橋あたりは磯辺が好んで無線待ちをする仕事場の一か所になっている。

先週、九段下で取った無線の客は熊谷組の営業マンだった。半日がかりで神奈川県内の得意先をまわり、飯田橋に戻ってみれば運賃は四万円を超えていた。前の出番では野村證券に呼ばれ、日本橋から茨城県の潮来《いたこ》までの往復で、運賃はやはり四万円。日本交通ブランドと営業部の頑張りのおかげで顧客の多さは四社でもトップクラスだが、なかでも霞が関や飯田橋、神楽坂を中心とした一帯は上客からの無線がたくさん入るエリアのひとつである。神楽坂下から上に向かって「うなぎ割烹の志満金の前で」、「毘沙門天の前で」、「中華五十番の前で」、無線がそう流したら、乗ってくるのは、まず上客と思って間違いない。十中八九、日本交通の単独チケットを使う日債銀や熊谷組、石原産業の関係者だし、ここの連中は、いくらまでのタクシー代が認められているんだろうと呆れるほどタクシーの使い方が半端じゃない。先月は、昼の時間帯に山梨県の甲府市まで走ったし、一日のうちに成田空港を二往復した日もある。栃木県のゴルフクラブまでの往復も何度かあった。午前中にゴルフ場に到着し、夕方まで現地で待機、その間も料金メーターは上がっていく楽な仕事だった。神楽坂下の家の光も上客のうちの一か所で、塚本悟が根拠もなく「接待が多いのだろうが、農協系だから地方在住の社員が多いのかも」と推測を聞かせてくれたことがあったが、確かに、なのである。無線で呼ばれると、昼夜に関係なく行き先は埼玉県の川越だとか千葉県の我孫子《あびこ》だとか、とにかくメーターが一万、二万を超えるのは珍しくもない。総理大臣になったばかりの宇野宗佑に神楽坂の芸妓《げいぎ》とのスキャンダルが発覚した頃からだから、磯辺健一がこの近辺での無線の仕事を好んで受けるようになって、そろそろ二年になる。

靖国神社のすぐ横に日本交通のハイヤー部門の営業所があって、だからというわけでもないのだが、磯辺健一は、決まって靖国神社の境内を横切っている道路の端に営業車を止めて休憩するようになっていた。

「靖国神社、五分」

無線が鳴ったのは夜の八時を過ぎた頃である。

いつものように富士見町の定食屋で夕食を済ませ、回送のままいつもの休憩場所に直行し、シートを倒して一〇分もしないうちに鳴った無線だった。

「靖国神社、五分」

「靖国神社」

「靖国神社、五分から一〇分」

もう少しだけ休憩していたかったが、オペレーターが「靖国神社」を四回繰り返したところで磯辺はマイクを握り、自分の無線番号一三五五を告げた。

「イチサンゴーゴー、靖国神社」

オペレーターが指定したのは英国大使館の裏手にあるホテルみそので、走りだして五分とかからずに現着するや、待ってましたとばかりに三人の中年の男が姿を現した。行き先は六本木だというから料金はせいぜい一五〇〇円くらいのものだろう。休憩を切り上げてまで受ける仕事ではなかったと胸のうちで苦笑したが、ま、こんなこともあると割り切って走りだす磯辺だった。

客どうしの会話は聞いていないふりをするのはタクシー運転手としての基本だとはいえ狭い

車内だ、嫌でも会話は耳に入ってくる。助手席に座ったのは熊谷組かあるいはその関連会社の社員で、後ろの二人は取引先の担当者のようだ。ホテルみそのに入っている料亭で食事を済ませ、これから六本木に繰りだしていく。そんなところらしい。後ろの男が帰りのタクシーの心配を口にしたのは溜池の交差点を過ぎたあたりである。

「捕まるかね、タクシー」

これから六本木で飲むとなると店をでるのは一二時前後、もっともタクシーを捕まえにくい時間だし、いかに日本交通の単独チケットといえど、無線で呼ぶのだって難しい。そんな話をしているうちに助手席の男が磯辺に言いだした。

「運転手さん、このクルマ、待っててもらうこと、できるかな」

「メーターは入れたままでいいから一二時までどこかで待っていてもらいたいんですよ。三軒茶屋でひとり降りて、次は横浜、最後は鎌倉なんだけど」

男は財布から抜きだしたタクシーチケットと一万円札を磯辺に渡し、そう言った。このやりとりから三時間後、磯辺は三人との待ち合わせ場所である六本木警察署の前に向かっている。いったん彼らを降ろしてから再び靖国神社の休憩場所に戻り二時間半ほどそこで待った。この間も料金メーターは動いていて、待ち時間だけで八〇〇〇円近くになっている。約束の一二時の時点ですでにメーターは一万三〇〇〇円を超えているから、第三京浜を経由して朝比奈インターチェンジで高速を降り、鎌倉駅の近くまで行ったら料金は三万円を超えることになるだろう。

胸のあたりにスパンコールをあしらった黒いジャケットとおそろしく丈の短いタイトのミニスカートは、いつだったかエリカが言った「商売道具のヴェルサーチ」だとブランド物には縁が薄い磯辺健一にもすぐわかった。仕事着だからプライベートで着ることはないという黒いスーツに真っ赤なピンヒール。麻布十番のマハラジャにでも繰りだしそうな恰好をしたエリカの姿を見るたびに、まだ高校生だった時分、週末の夜に通いつめた歌舞伎町のディスコ、カンタベリーハウスの風景を思いだす磯辺なのである。

「ブルーラインタクシーって何台くらいあるんだろうね。専用乗り場で待ってもぜんぜんこないんだけど」

待ち合わせた日枝《ひえ》神社の鳥居の横で磯辺の顔を見るなり「先週の金曜日の夜なんて散々だったわよ」と、仕事着姿のエリカがタクシーの少なさをひとしきり訴える。彼女の店から赤坂見附にある専用乗場まで歩いたら一〇分近くはかかるだろう。そこでタクシーを待つ長い列に並んで一時間、その間にやってきた空車はたったの七台で、しびれを切らした彼女はもういちど店に戻って時間をつぶしたというのだ。一度や二度ならまだしも、週末のたびにこれではたまらないとエリカは言い、「よっぽど健ちゃんに迎えにきてもらおうかと思ったわよ」と話をまとめたのだった。

ここ二年ほどの夜のタクシー不足は運転手の目から見ても異常だと思う。一一時半を過ぎたあたりから深夜の一時半くらいまでの時間帯は特にひどい状況で、週末は言うまでもなく、繁華街の大通りはウィークデーでも空車を待つ人で溢れ返っている。なかでも赤坂界隈の状況は銀座、六本木、新宿と並んで最悪で、八年前の火事で廃屋となったままのホテルニュージャパン跡あたりを真ん中にして、赤坂見附から溜池交差点の向こう側まで空車を求める人の姿が途切れない。それをいいことに、中小のタクシー会社の運転手のなかには、どこに行くにも倍メーターだとか銀座から赤坂まで五〇〇〇円だ一万円だとやっている連中もいて、彼らに言わせると、客との阿吽の呼吸で金額が決まるのだという。それを得意気に話す同業者に、大昔のたちの悪い駕籠かきじゃあるまいしと磯辺は呆れている。こうした事態がまかり通ってしまうほどのタクシー不足。それを少しでも解消する目的で、タクシー事業者で組織する東京乗用旅客自動車協会は去年の一一月から夜間だけ走る三五〇〇台ほどの営業車をブルーラインタクシーとして稼働させているが、それが都内の一一か所の繁華街に分散されるのだから数は知れている。エリカが利用するベルビー赤坂前に設置された専用乗場に割り当てられているのは一八〇両。週末の深夜には焼け石に水も同然の数だ。

ブルーのラインをあしらったボディカラーだからブルーラインタクシー。そのネーミングが「見たまんま」だとエリカは笑う。運転手の過労死が問題になっている時期でもあり、磯辺の職場では労働組合がこの新たな輸送形態の導入に反対の立場をとっていたが、いざ、蓋を開けてみたら、夜間専門で走るために増車された五〇台ほどの営業車を担当したがる運転手が多くいた。上がり続けている日車営収[*3]はここのところ五万四〇〇〇円を大きく超えているが、ブルーラインタクシーが走るのは稼ぎどきの時間帯だ、水揚げは夜だけ走っても軽く四万円を超す。

夕方から走りだす半勤だから、乗務数は月に一一～一三勤する隔勤（隔日勤務）の倍、二五勤として月の水揚げは一〇〇万円になる計算だ。週に五日間の勤務が続くとはいえ、朝から翌日の明け方まで一八時間も拘束される隔勤に比べれば体力的には楽だし、それでいて隔勤で八万円を水揚げするのと同じ額を稼げる。乗りたがる運転手が多いはずである。

「健ちゃんも夜専門で乗ったらもっと稼げるんじゃやないの」

磯辺の営業成績は東京のタクシー運転手の平均をはるかに上まわり、社内でも上位の部類にランクされている。それを承知のエリカは冗談めいた口調で言い、彼女の言葉に、磯辺は軽く「ハハハ」と笑って「そうだな」と返した。

新宿にしたってブルーラインタクシーの数はまったく足りていない。あの地域には三か所の専用乗場があって、そのうちのひとつ、靖国通り沿いの龍生堂薬局前には四〇〇台を超えるブルーラインが割り当てられている。運転手は、一晩のうちに少なくとも二回はこの乗場から客を乗せる決まりだ。最終電車の時間を過ぎた深夜には、そこでタクシーを待つ人の列が二〇メートルも続くのは珍しくもなくて運転手にしてみれば楽な仕事だが、それでも、ブルーライン以外の空車のタクシーは、まず、ここにやってこない。並んでいる客を乗せたところで行き先は中野か高円寺、せいぜい荻窪《おぎくぼ》と相場は決まっている。それよりも中心部まで戻って客を拾った方が割がいい。長距離客を狙えるし、どこに行くにもすぐに首都高に乗れる。そのやり方が性に合っているのか、ここ一～二年、磯辺の月の水揚げは、一〇〇万円を超えることはあっても、ただの一度として九〇万円を切ったことがない。出番のたびに七万五〇〇〇円の水揚げを目標に走りだし、仕事を終わってみれば、確実にその数字を達成していた。「仕事は月曜日がいちばんやりやすい」は近ごろの磯辺の口癖だが、言葉の意味は、夜の繁華街でタクシーを待つ客の数がちょうどいいから、だった。木、金、土は言うに及ばず、ウィークデーでさえ夜の繁華街はタクシーを待つ客で溢れ、上客を選ぼうにも人が多すぎて難儀するが、その点、少しだけ人出が減る月曜日は客選びにちょうどいい感じなのだ。「ふ〜ん」と、納得したのか、エリカはそこで夜のタクシーの話題を切り上げ、磯辺の腕に手をまわし「クルマ、どこに止めたの」と尋ねるのだった。無線を受けた磯辺が京橋の画廊から長野県の松本市まで走るのは、この三日後、月曜日のことになる。

前日から予約が入っていた客を羽田空港まで送り届けたのが午前一〇時ちょうどで、いつもなら一時間待ちは覚悟しなければいけない空港での付け待ちだが、どうしたわけだか三〇分も待たずに西新宿のヒルトン東京まで外国人客を乗せることができたのはラッキーだった。無線で呼ばれる上客を別にすれば、ロングの客ばかりを選んで、とはいかない昼の時間帯ではあるけれど、それでもとんとんと悪くない客が乗ってくることがたまにある。この日がまさにそうだった。いきなりの羽田往復。こういうときは昼間から水揚げが伸びると相場は決まっている。客を降ろしてホテルをでたところで乗せた会社員ふうのふたりの男の行き先は東京駅までだったし、丸の内からは、とんぼ返りする格好で新宿の伊勢丹までの客を乗せた。まだ昼飯前だというのに、この段階で、水揚げはもうすぐ二万円に届きそうなところまできていた。

「京橋一〇分から一五分」

「京橋一〇分から一五分」

無線から流れたオペレーターの声で目を開けた。

飯田橋でランチを済ませ、タバコ休憩のために北の丸公園の端でクルマを止めたのが一四時ちょうど。夕方から誰かのコンサートでもあるのか、少しだけ年齢層が高そうな、三〇歳代くらいの人たちが日本武道館に向かって歩く姿が途切れない。武道館の屋根のてっぺんにある擬宝珠を玉ねぎになぞらえた、爆風スランプの『大きな玉ねぎの下で』のメロディが浮かんでくる。いつものことだが、ここにくると、出会ったばかりの頃のエリカが、カーラジオから聞こえてきたこの曲を「古くさい歌詞だけどつい聴いちゃうよね」と言った、あの瞬間の空気感が蘇ってきて、頭のなかで勝手にメロディが鳴りだすのだ。

目を瞑って「九段下の」と歌詞をなぞっているうちに眠くなり、いい気分になったときに鳴った無線だった。

磯辺は「一〇分から一五分」の「一五分」に反応し、マイクを握って「イチサンゴーゴー、竹橋」と返した。月曜日の午後、少し余裕をもった「一五分」に〝もしかすると意味があるのかもしれない〟の直感が、咄嗟に反応したのだ。たいていは考えすぎだが、ときとして大当たりを引く。このときがそうだった。

無線が指示したのは京橋の、中央通りを少しだけ昭和通り側に入った路地の角にある画廊だった。磯辺のクルマがそこに到着するとすでに客と思しき三人が店の前にでていて談笑していた。紺色のスーツ姿の中年の男は画廊の人間で、茶色のジャケットを着た高齢の男と、その連れらしい女、おそらく夫婦だろうが、磯辺のタクシーに乗るのはこの二人に違いない。

「運転手さん、荷物、助手席にお願いします」

スーツ姿の男が言い、段ボールで梱包された平べったい四角の荷物を磯辺に渡す。聞かずとも、画廊から搬出された絵画の類であるのは想像がつく。三人の会話から、高齢の夫婦がこの店で購入した絵をタクシーで持ち帰るのだとわかった。

「運転手さん、ちょっと遠いんです。長野県の松本市までなんですが、大丈夫ですか」

大丈夫も何も大歓迎の長距離仕事だが、磯辺はいつものポーカーフェイスで「はい」とだけ返した。

東京から松本までの距離は二四〇キロ。タクシーなんかを使うより新宿から特急列車に乗れば二時間もあれば着いてしまうだろうに、そうしないのはよほど高価な絵だからだろうか。宝町入口から首都高に乗り中央自動車道で松本を目指す。それでいいでしょうかとルートを確認し、途中で休憩を入れても四時間もあれば目的地に着く旨を老夫婦に告げた。首都高を走りだしてからも、茶色のジャケットを着た夫がずっと笑顔のままでいるのが印象的だった。

意外だったのは彼らが購入した絵の値段である。

「安物のリトグラフなんですよ。買値は松本までのタクシー代と同じくらい」

談合坂のサービスエリアで休憩したとき、よっぽど高価な絵なんでしょうねと尋ねた磯辺に、「いやいや」と顔の前で右手を振り「安物ですよ」と答えたのは夫で、妻は笑顔のまま黙って頷いた。「運転手さんも見ればわかる」と夫は言い、購入したのはジャック・デペルトとかいうフランスの作家の作品で、数が多くでまわっているからいちどくらいは目にしたことがあるはずだと続けた。そして、「妻が大好きな作品だから、彼女の七三回目の誕生日プレゼントに買い求め、ついでに少しだけ贅沢のつもりでタクシーで帰ることにした」のだとこの日の事情を話すのだった。

「さっきまで右に見えていたのが大菩薩嶺《だいぼさつれい》。大菩薩峠って聞いたことあるでしょう。あの大菩薩。そこから続いているのが甲武信ヶ岳《こぶしがたけ》、で、向こうに見えてきたのが八ヶ岳。山に興味がない人にはわからないでしょうけど、左側にずっと続いているのが南アルプスなんですよ。ここからでは見えないけれど、まだずいぶん雪が残ってるの」

絵画だけでなく、夫婦そろって山登りが好きだとふたりは言い、車窓から見える周囲の山の名を説明してくれるのだが、その様子が、この夫婦のいつもの生活ぶりを現しているように磯辺の目には映った。

諏訪湖のサービスエリアで二度目の短い休憩を挟み、松本市内のふたりの自宅に着いたとき午後六時を少しだけ過ぎていた。料金メーターが表示したのは、高速料金を含めて五万六三〇〇円。奥さんは七万円を磯辺に渡し、リトグラフと南アルプスの話をしてくれたときと同じ笑顔のまま「少しだけど帰りの高速道路代と食事代の足しに」と言葉を添えるのだった。

株価高騰・暴落

一九九一年六月四日

田園調布を模した街造りだと聞いたことがあるが、言われてみれば、何本もの欅とヒマラヤ杉の大木が駅前のロータリーにそびえ、そこを中心に放射状に道が延びていて確かに田園調布っぽい雰囲気はあるかもしれない。二四時二八分発の志木行き最終電車が走りだし、池袋からの下り電車は成増《なります》行きがあと二本だけ。さっきの天気予報が「現在の東京の気温は一八・六度」と言っていた。駅舎の蛍光灯は駅前のロータリーまで明るく照らしているが、それでも、見上げればいくつもの星が見えるほどだ。この気候と空模様ではタクシーに乗る客は少ないだろうし、待ったところで行き先は初乗り料金の五二〇円で着く近所と相場は決まっている。いつもなら都心でロングの客を捕まえている時間なのに、運転手仲間との長話のあげく営業所の最寄りの駅、東武東上線のときわ台駅北口ロータリーのタクシー乗り場で付け待ちを決め込んだ磯辺健一だった。この時点で水揚げは三万円と少し。都心で仕事をしているのであれば可もなく不可もない数字だが、ときわ台での営業ではまずい。磯辺は今夜の自らの仕事っぷりの悪さに呆れていた。ここのところ一出番の水揚げは平均すると七万五〇〇〇円ほどだろうか。でも、今日はさすがにだめかもしれないと半ば諦めの気持ちで付け待ちの列に並んでいる。

先頭から数えて九台目。無線が鳴ったのは、この位置だと四三分の電車が着いても自分まで順番はまわってこないかもしれないと勘定をしているときである。

「浅草。一五分から二〇分。西浅草」

オペレーターが同じフレーズを二回繰り返したところで磯辺は慌てて無線を取った。ときわ台から浅草まで、すっ飛ばしたところで二〇分で着くはずもないが、「一五分から二〇分」という少しばかり長めの時間指定を聞いた瞬間、いい仕事だとぴんときたのだ。

「イチサンゴーゴー、二〇分」

言うが早いか走りだす。自分の無線番号一三五五をオペレーターに告げたマイクを握ったまま、配車完了の声を聞く前に磯辺のタクシーは板橋本町の交差点へと続くエスビー通（富士見街道）に向かっていた。

西浅草までの最短ルートが勝手に頭に浮かんでくる。板橋本町から十条か西巣鴨、飛鳥山からは京浜東北線と並行する細い道を通って言問《こととい》通りまでであれば、あとはそこを真っ直ぐ行って西浅草。最短時間で目的地に辿り着くには、首都高を使うより、こっちだが、それにしたって「二〇分」ではとうてい無理だ。少し遅れそうだと無線で伝えようとして、他車に聞かれるのが嫌で、やめた。西巣鴨の交差点を左折し、明治通りの赤信号で停まったとき、磯辺は、買ったばかりの携帯電話で無線室へと連絡を入れている。ＮＴＴドコモが折りたたみ式で超小型の携帯電話を発売したのが一か月前。少しばかり高いとは思ったが、一般の電話だって同じくらいの加入料が必要なのだから、と、二週間も悩んだ末に買ったムーバである。

「予約の電話をしてきたのは日本交通の単独チケットを利用する客だから他社の空車を拾う心

配はない。少しくらい遅れても大丈夫だ」という趣旨をオペレーターは電話口で言い、その客との待ち合わせ場所は西浅草三丁目の交差点の角だと伝えてきた。そこで客をピックアップした磯辺健一が東名高速に向けて首都高を走りだすまでに、それから三〇分もかかっていない。

「ちょっと遠いんだけど静岡県まで行ってもらいたいんですよ。静岡駅まで」

グレーのスーツを着て黒いアタッシュケースを右手に提げた男は、磯辺のクルマに乗り込むなり忙しく右手を動かしてネクタイを緩めながら目的地を告げた。四〇代半ばくらいの、身なりから判断すると会社員ふうのその男、たいそうな物言いではなく事も無げに「静岡駅まで」と言うあたりは、タクシーでの長距離移動の経験が一度や二度ではないのかもしれないと思わせるものだった。

「静岡駅ですね」

念を押すように行き先を確認し、腹のうちで「運賃は四万か、いや、もうちょっといくかもしれない。いずれにしても今日の水揚げはこれ一発でＯＫだ」と皮算用しながら走りだす磯辺だった。カーラジオから聞こえてくる終わりかけの深夜のニュースは「雲仙の普賢岳が噴火して大規模火砕流が発生、多数の行方不明者がでている」と伝え、男のアナウンサーが「きのうの日経平均株価の終値は二万五九一三円でした」と淡々とした口調で言っている。タクシー運転手になりたての頃、一万三〇〇〇円前後だった株価はいつの間にか二万円台になり、一年で九〇〇〇円も上がった八八年の暮れには三万円台をつけた。年が明けてすぐに天皇が崩御し世の中に自粛ムードが広がったが、それでも株価が下がることはなくその年の末には三万八九一六円にまで上がっている。株にはまるで興味がない磯辺だけれど、気前よくタクシー代を使う深夜の客の多さや繁華街で飛び交うタクシーチケットは、上がり続けている株価のおかげだとは認識していた。それと同時に、ニューヨークのエンパイアステートビルを買っただのジャパンマネーが海外の資産を買い漁っているだのというニュースを耳にすると、いまの日本って、まるで成り金だな、とも思う。その〝上がり続けた株価〟が、今年に入って半年もしないうちに一万円も値を下げた。「株価暴落」は「景気の悪化」と同義語のはずだが、どうもいまの世の中はそうなっていないのかもしれない。新聞のどこにも「不況」の文字は見当たらないし、誰かがそんなことを言ったという話も聞こえてこない。夜の繁華街の賑わいに少しの陰りも見えないし、企業のタクシーの使い方は相変わらず派手なまま続いている。

厚木インターチェンジを過ぎて車線がひとつ減ったあたりで道路照明がなくなり、ヘッドライトの光が映しだす路面だけが印象的な流体刺激として視界に飛び込んでくる。三六キロポストを越えたのを合図に、西に向かう大型トラックは事前に申し合わせでもしていたかのように左側の車線で時速九〇キロの列を作り、その行儀のよさのおかげで追い越し車線は時速一四〇キロくらいで走り続ける磯辺健一のタクシーのものになった。抜き去っても抜き去っても途切れることがない大型トラックの大行列。深夜の東名高速は紛れもなく日本の物流を支える重要な産業道路そのものだった。小さなパーキングエリアだけでなく、通すぎた海老名のサービスエリアでも休憩場所を求めるトラックが駐車場に入りきれずに路肩で順番待ちをしていた。いつだったか、これほど物流が活発なのだからサービスエリアの狭隘《きょうあい》問題は早急に解消すべきだという論調の新聞記事を読んだことがある。磯辺は、その現実を目の当たりにしながら静岡駅に向かって深夜一時半を過ぎた東名高速を飛ばすのだった。

速度計が一四〇～一五〇キロを示し続ける。厚木インターチェンジを過ぎたところで運賃は一万六〇〇〇円を超えた。静岡インターまでの距離は一六〇キロ。深夜割増だし、運賃は四万どころか五万円を大きく超えそうだ。

ヘッドライトに照らされて暗闇に浮かぶ鈍色《にびいろ》の強烈な流体刺激はいつしか単調な刺激の連続でしかなくなり、磯辺の目に映るのは現実感を失った風景だった。深夜の東名高速道路では、抜き去っても抜き去っても赤いテールランプの誘導灯が消えることはない。タクシー専用車のなかではハイグレードに分類されるクラウンのスーパーデラックスだが、しょせんは遮音性に乏しいタクシー仕様、時速一四〇キロは、四気筒エンジンのがなり音とタイヤの接地音をごちゃまぜにした騒音を容赦なく車内に持ち込んでくる。客の「もう少しボリュームを上げて」の注文には応じたけれど、文化放送の深夜番組がリクエスト曲として流している『ロンリー・チャップリン』は明瞭には後ろの席に届いていないだろう。

「運転手さん、ちょっとお願いがあるんですが」

西浅草で「静岡まで」と目的地を告げたっきりほとんど会話もなく黙ったままだった乗客が、何か思いついたような口調で「そうだ、運転手さん」と喋り始め、磯辺は失いかけていた脳への刺激を取り戻す。

「静岡駅の前にうちの会社の営業所があって、そこまで行くんですけど、用事はすぐに済みますから少し待ってもらうこと、できますか」

「いいですけど」

「じゃ、東京まで戻りも乗りたいので少しだけ待ってて下さい。仕事といっても書類の確認だけなので一五分くらいで終わりますから」

片道五万円として、東京まで戻って一〇万円。乗り逃げの心配がないこの客を乗せた時点で持っていた三万円を合わせると、今日の水揚げは確実に一三万円になる。つい二時間前まではきわ台駅前のロータリーでくすぶっていたのを考えると、まさに一発逆転、無線一本で二出番に近い水揚げになる。

近ごろの日車営収入は五万六〇〇〇円前後で推移していると組合の機関誌に書いてあった。乗務数は月に一一〜一三勤。平均一二勤として単純計算すると東京のタクシー運転手の月平均水揚げは六七万円を超すことになるが、それは同時に、八〇万を水揚げする運転手が掃いて捨てるほどもいるという意味であり、九〇万円以上を水揚げする運転手だって多くいるという意味でもある。運転手募集の新聞広告に「月収四五万円以上」と謳っているのもまんざら嘘じゃないわけだ。磯辺が勤務する会社は有名な老舗だけあって運転手の平均水揚げは東京全体の平均よりも明らかに高く、そのなかにあって彼の営業成績は、トップクラスとまでは言わないまでも、社内の平均よりもずっと上にランクされている。ここ一年、平均して一〇〇万円近くをキープしていた。

タクシー運転手になって三か月ほどして愛車のケンメリを手放した。家業の手伝いをしていた時分、休みの日にはもちろん、そうでない日も仕事が終わればあてもなくドライブするほど好きだったクルマだが、運転手稼業に入ってからというものケンメリどころじゃなくなった。あの頃の都内のタクシーの日車営収は四万七五〇〇円だったが、日本交通では最低でも平均五万円の水揚げがないと本採用にはならないと先輩から脅かされたせいもあって、運転手になりたての磯辺健一は必死だった。もうひとつの趣味である釣りを諦めたのもそれが理由だ。彼とは正反対で物静かな二歳違いの弟と始めた釣りは、荒川でフナを最初の獲物にしたところから始まって、体長七三センチの野鯉を釣り上げたのはいつまでも自慢になっている。けれど、とにかく営業成績を上げることだけに集中しようと決めた磯辺は、その釣りさえもやめてしまっていた。この仕事は頑張れば頑張ったぶんだけ金を稼げると先輩運転手たちは言ったけれど、そのとおり、結果はすぐに表れた。日本交通に入社する前の年、東京のタクシー運転手の平均年収は四二八万円だったが、磯辺の一年目の年収は五〇〇万円で、それは厚生省が発表している全産業男子労働者の平均年収よりも上をいく金額だった。そして去年は、もう少しで六〇〇万円に届きそうなところまできていた。ここのところの月の水揚げは九〇万円強だから、今年の年収は、たぶん六〇〇万円を軽く越すだろう。二五歳の勤め人で年収六〇〇万円は上出来だと思う。そのためには一乗務あたり七万円は最低でも水揚げをしたい。ときわ台駅前で客待ちしていた時点で、今日の調子では厳しいかもしれないと諦めムードだったけれど、そこに降って湧いた静岡往復だった。

静岡インターで東名高速を降り、静岡駅に向かう交通量の少ない県道を走りだした時点でまだ三時にはなっていない。

「この道を行って新幹線の高架をくぐったら国道一号線にでますから、そこを右に曲がってください。すぐ着きます」

点けたルームランプの頼りなげな灯に顔を近づけるようにして何やら書類を読み始めた男は、暗記した台詞を棒読みするような口調で静岡駅までの道順を口にした。

確かに「すぐ」だった。五分と経たないうちに国道一号線にでて、そこを右折したら二キロほど先が静岡駅で、磯辺は、言われたとおり駅前の松坂屋の角を左に曲がって二つ目の信号でクルマを止めている。

「ここでUターンして待ってもらえますか。一五分か二〇分で戻ってきます」

男はそう言うと駅前から続く広い道を小走りで渡り、一方通行の出口の横に建つビルへと入っていく。磯辺は、男から受け取ったタクシーチケットに記された『清水建設』をあらためて確認し、男が入った建物の何階かにこの有名な建設会社の営業所があるのだと理解した。

東名高速を降りた時点で料金メーターは時間料金が発生しない「高速」から「賃走」に戻してある。八〇円の爾後メーターがあと三回パチンと上がれば料金メーターの表示は六万円を超す。青タン[*4]が切れる五時までに東京に戻れば一二万円。今日の水揚げは都合一五万円になる。

高速道路を時速一〇〇キロ以上でぶっ飛ばし続けると、青タンが点いている間の料金メーターは一時間で四万円になるのだと磯辺健一が初めて知った日の出来事だった。

ここはお化けがでる

二〇〇五年三月四日

九州南部の種子島、屋久島地方で降雪を記録した三月四日、気象庁は東京を含む関東地方に大雪注意報をだしていた。

一二月は例年にないくらい気温の高い日が続き気象庁の予報どおり暖冬を感じさせたが、年が明けると一転、寒波がたびたび襲来し、新潟県では中越地震の被災地が一九年ぶりの豪雪にみまわれている。三月に入ってからも状況は変わらず、本州の南海上を発達中の低気圧が進んだこの日、東京の都心でも二センチの積雪があった。届いたばかりの読売新聞の夕刊の一面は「関東　大雪」の見出しを付けて「私大入試繰り下げ　空の便欠航」を伝え、激しく降り続く雪のなか傘を広げて信号待ちをする人たちの写真を掲載していた。天気図が関東の南の海上に居すわる低気圧を示している。それを確認したところで「雪か」と、中邑《なかむら》悠貴《ゆうき》は誰もいないリビングで今夜の天気を声にだし、ベランダにでるガラス戸を開けた。手摺りに右手をかけ覗き込むようにして真下の駐車場に目をやると、中邑の営業車、クラウン・ロイヤルサルーン・ハードトップに雪が被っていて、そのクルマが個人タクシーと四階のベランダからでもひと目でわかる〝でんでん虫〟形の行灯は、雪だるまのようになってぽこんと盛り上がっている。被った雪の量は、となりに停めてある青いホンダ車の三倍くらいはありそうだった。民家の屋根はどこも真っ白で、高島通りの信号につながる片側一車線の道は通行する自動車が轍《わだち》を掘り、そこから雪が溶けて濡れた路面が黒く光っている。歩道には、明日の夕方までに通行人の二人や三人を苦もなくひっくり返してしまうくらいの雪が残っている。この様子だと今夜の人出は少ないに決まってる。早仕舞いするタクシーが多いのも想像がつく。今日も忙しくなるかもしれない。出がけにはスタンドに立ち寄って、新潟往復でほとんど空っぽになったガソリンを満タンにしなければ、と、中邑悠貴は仕事前の手順を頭に浮かべるのだった。

携帯電話の呼出し音が鳴ったのは、リビングのテレビを点けた直後、再放送の時代劇のテーマ音楽が始まったのと同時だった。この勧善懲悪は、始まりの五分や一〇分を見逃したってストーリーはだいたいわかる。かけてきたのは吉永栄一で、案の定、ゆうべの仕事の、その後の確認である。

「ゆうべはご苦労さん。どうだった？」

「無事に、ちゃんと送りました。さっき起きたばかりで、ちょうどいま、吉永さんに報告の電話をしようと思ってたところです」

「雪、たいへんだったろ」

「越後湯沢から先は雪で関越が通行止めだったんで、そこからは下っ走りでした」

中邑は手短に結果を伝え、「また今晩にでも」と時間を決めて電話を切っている。「話があるから」と吉永が切り際に言った言葉も気になるし、忙しくなる前の時間帯にコーヒーでも飲みながら長岡の件を詳しく報告しないといけないだろう。テレビに視線を戻すと、お伴のふたりが宿場のならず者たちと大立ち回りを始めていた。

ゆうべ吉永から突然の電話があったのは、日付が三月四日に変わって一時間ほど経った頃、NHKの『ラジオ深夜便』が始まって間もないときである。いきなり「タイヤ、四本ともスタッドレス履いてるよな」と吉永は尋ね、「はい」と答えるや「お前しかいないんだ、これから新潟の長岡まで行ってくれ」と続けた。

突拍子もない依頼に言葉が詰まって「はァ」と嬌声をあげるしかなかったが、吉永が言うには、つまり、彼が抱えている上客のひとりを長岡市の自宅まで送ってもらいたいということだった。話だけは前から聞いていたから事情はすぐに呑み込めた。吉永は何人もの霞が関の役人を顧客に持っていて、そのほとんどが東京以外に自宅がある。彼らは週に二度か三度しか自宅に戻らない生活らしいが、帰るにしても仕事終わりが深夜になるからタクシーで、となる。神奈川県や埼玉県ならともかくも、なかには山梨県や群馬県、もっと遠くは新潟県まで当たり前のような顔をしてタクシーを使う連中もいるのだという。吉永にはその種の客が何人もいて、いつもは仲間うちで仕事をまわしあうのだが、しかし、この日は天気予報が伝えた「未明から大雪」で予定が狂った。仕事を休んだクルマが何台かあり、新潟県の長岡まで走れるクルマの都合がどうしてもつかない。そこで中邑にお鉢がまわってきたわけなのだ。

言われたとおりコンビニでキリン・クラシックラガーの五〇〇ミリ缶を二本と、氷、柿ピーを買い、客との待ち合わせ場所に指定された日本郵政ビル近くの、路肩にパーキングメーターが並んでいる脇道へと向かった。ここにくる前にスタンドに寄ってきたからガソリンは満タンだし、二重にしたコンビニ袋に氷を入れてあるので缶ビールが生ぬるくなる心配はない。

その男が現れたのは約束の二時をちょうど五分だけ過ぎたときだった。会ったこともない客との深夜の待ち合わせである。中邑にしてみれば誰が〝その男〟なのか、ちゃんと合流できるのか不安だったが、男は、まるで迷いもなく中邑の白いクラウンのドアをトントンと叩いた。交差点の角から三番目のパーキングメーターが約束の地点だと事前に話がついているらしい。

「吉永さんの代車ですよね」

男が問い、中邑は「長岡市内でいいんですよね」と確認した。

よけいなことは言わず黙って運転してろ。お前から話しかけるな。吉永栄一から指示されたとおり「ビール、冷えてますから、いつでも」とだけ言ったきり、中邑は内堀通りを走りだす。待ち合わせ場所からして、この男、財務省か郵政省の役人なのだろうが、それすら聞くことはしなかった。

日付が変わる前に降りだした雪はやむ気配もなく、予報どおりこれから激しくなりそうな勢いだが、首都高はまだ通行止めにはなっていない。東京がこの調子だと関越自動車道ではもっと降っていると考えておいた方がいいだろう。長岡に着くのは朝になってしまうかもしれない。

中邑は時計を見た。

やっぱり、だ。関越道を進むにつれ雪は激しさを増し、花園インターチェンジを過ぎる頃には本線車道がわずかにシャーベット状になっていた。電光板の文字の一部が吹きつけた雪に隠れているが「六〇キロ規制」はちゃんと読み取れる。午前三時二五分、路肩に「神流川《かんながわ》」と記された看板が確認できたから、この先の橋を渡れば群馬県、しばらく行くと道は赤城パーキングがある地点に向かって勾配がきつくて長い登り坂に差しかかる。雪で立ち往生でもしているクルマがあると厄介なことになりそうだが、そうでなければ、スピードはだせないまでも、とりあえず関越トンネルを抜けるまでは何とかスムーズに走れるはずだ。フロントガラスの向こう側は真っ黒いスクリーンで、その真ん中をヘッドライトが青白く切り裂き、目の前にとつぜん現れる雪が斜め上から中邑をめがけて飛び込んでくる。錯覚とはわかっていても、いっときも途切れることなく繰り返す終わりのないフィルム映像でも見ているかのようだった。電光板に「越後湯沢から先、通行止め」の表示がでていた。

高校を卒業と同時に運転免許を取得して以来、何度か繰り返した交通違反が原因で免許停止処分を受けていた時期を除けばずっとトラック運転手をしてきた中邑悠貴が、小規模ながら老舗のタクシー会社、北光自動車交通で運転手としてキャリアをスタートさせたのは二五歳のとき、日本がまだバブル景気の只中にあった一九八七年のことだ。それから一一年後、三六歳になった彼は「個人タクシーをやろう」と具体的な行動を起こす。前の年まで五万七〇〇〇円台で推移していた日車営収が一気に四五〇〇円も落ちてしまい、中邑の営業成績も低迷した。それもひとつのきっかけにはなっていたが、なにより、吉永栄一が「お前もなるべく早く個人（タクシー）やれよ」と熱心に誘ってくれたのが決断の大きな理由だった。歳は吉永が一〇も上だが、彼とはもう一七年の付き合いになる。中邑が北光自動車交通に入社して間もない時期、吉永が「もうすぐ個人タクシーの認可が下りる」と話していた頃が最初だった。城北タクシーと北光、勤務するタクシー会社こそ違ったが、どちらも中央無線グループに所属していたからふたりは無線配車された企業などで何度も顔を合わせる機会があり、そのうち親しく付き合うようになったこの世界の先輩である。中邑のタクシー運転手歴が一〇年に近づくと、吉永は、顔を合わせるたびに「お前も早く」と誘い、それに続けて「（個人タクシー事業免許を譲渡してくれる）相手は俺が探してやるから」と言ったものだった。

崩壊したとはいえ、バブル時代の名残は中邑の水揚げにも恩恵をもたらしてくれていた。営業成績が低迷してもまだ月の水揚げは軽く八〇万円を超えていて、おかげで個人タクシーの許可を受けるための資格要件のひとつ「賃金等」は易々とクリアできていた。年齢、運転経歴、道交法等の違反歴も問題はない。だが、初めて臨んだ法令試験に失敗、来年こそと意気込んだが、その直後、オートバイを運転中に乗用車と衝突事故を起こしてしまい運転免許に違反歴が残ってしまった。それから受験資格が復活するのを待つこと五年、この間にもタクシーの営業実績は下がり続け日車営収は五万円を切り、四万八〇〇〇円台にまで落ち込んでいた。その年の、二度目の試験での合格だった。けれど、個人タクシー事業者になるには法令試験とは別に事業免許を取得しなければならず、それが難題なのである。「新規の許可を受ける」「個人タクシーの許可を受けている事業者から事業の譲渡を受ける」「個人タクシー事業者から相続する」。事業免許の取得にはこの三つの方法があるのだが、個人タクシーの数を制限している枠を考えると新規の許可を受けるのは難しく、「相続」はハナから論外で、現実的な手段は「譲渡」ということになる。中邑悠貴に、その、譲渡してくれる相手を紹介してくれたのが吉永栄一だった。

前年の秋に個人タクシー法令試験に合格していながら実際に営業を開始するのがそれから半年も後、二〇〇四年三月までずれ込んでしまったのは、先方の、まさかの事情で譲渡譲受申請の手続きを完了させるのに手間取ったせいだ。体調を崩して仕事を続けられなくなったのを理由に個人タクシー事業免許の譲渡を決めた先方が、手続きを進めている最中に亡くなってしまい、それでなくても手間のかかる手続きがさらに面倒になっての結果だった。最終的な書類審査を経て中邑悠貴に個人タクシー事業免許が正式に交付されたのは二〇〇四年二月二五日。その時点で営業にでる準備は万端整っていたが、個人タクシーとしての新たなスタートは、どうせなら区切りのいい三月一日と決めていた。

朝から降り続いていた小雨はもうとっくにやんでいる。四階の窓から見る限り、濡れた路面はだいぶ乾いたようだ。それを確認した中邑は、午後四時半に車庫をでた。

高島通りを走りだし国道一七号（中山道）と交わる志村坂下を右折し都心へと向かう。ここから板橋本町あたりまでの三キロほどの区間でタクシーを待つ人の姿を見かけることがないのは百も承知だ。ここのところ法人タクシーの日車営収は下がりっぱなしだし、実車率（＝走行距離に占める客を乗せて走った距離の割合）も落ち込んでいる。けれども、今日ばかりは自分が走る先々で上客が待ち構えているのではないかと、あり得ない妄想を楽しむ中邑だった。フロントガラスの向こうに映る風景はきのうまでと何ひとつ違わないのに、そのすべてが新鮮に見えるような気さえする。個人タクシー事業免許の〝おまけ〟みたいに安く譲ってもらったクラウンは北光自動車交通で乗り慣れたタクシー仕様と同じＬＰＧ車である。個人タクシーではあっても乗りごこちに快適さは望めないにしても、それでも、この日の乗務は、十数年前に初めてタクシー運転手として働きだした最初の日と同じような高揚感を覚えるのだった。板橋本町の交差点を越えた角にキャリーバッグを手にしたスーツ姿の男が立っている。ひと目で客だとわかった。個人タクシー運転手として乗せる最初の客。男は「羽田空港までお願いします」と目的地を告げた。ここから羽田までだと運賃は六〇〇〇円前後といったところだろう。初めての客がこれなら上出来だ。中邑は腹でそう思った。カーラジオから流れるニュースが、『ラストサムライ』でアカデミー賞の助演男優賞にノミネートされていた渡辺謙が受賞を逃したと言っていた。

飯田橋駅前の、目白通り沿いの乗り場に並ぶ客待ちタクシーの列の長さはガード下までだったり五〇メートルも連なったりと時間帯によって伸び縮みするが、それは日曜日を別にすればいつも目にする光景である。昼のうち客足は亀の歩みほどに鈍く、電車が着いたのにひとりの客もタクシーに乗らないことだって珍しくはない。花番がまわってくるまで四〇分待ちは覚悟して、待ったあげく、乗ってくるのはワンメーターの伝通院や凸版印刷までの六五〇円の客、せいぜいいっても椿山荘の一〇五〇円の客と相場は決まっている。それを承知で並んでいるくせに近場までの客に舌打ちし、だったらここで仕事しなければよさそうなものだが、それでも付け待ちの列が途切れないのは、誰に強制されたわけでもないのに並ぶのを日課にしている運転手の面子が揃っているのと、「空車で走りまわるよりはマシ」と自分に言い訳する運転手がわんさかいるからだ。少しばかり様子が変わるのは深夜割増の時間に入ってからで、赤いランプを光らせる空車の列は、中途半端に詰まりを掃除した排水口の水みたいに、順調ではないけれど、そこそこ流れだす。ロングの客がでることもまれにあって、一週間ほど前、中邑も大宮までの客に当たっている。飯田橋から首都高に入り、四〇分ほどで目的地に着いて料金は九〇〇〇円だった。この程度のささやかなラッキーに遭遇するのは飯田橋に限らずどこの駅の乗り場でもいっしょだけれど、当たりを引く確率がめっぽう低いのも、やっぱり他の乗り場といっしょでしかない。

「だけどな、ここはお化けがでるんだよ」

訳知り顔で話す日課組の運転手の、駅付けをやめようとしない言い訳がましい台詞はもう何度も聞いた。まるっきり信じないわけではないけれど、耳にするたびに「俺はここからお化けを乗せた」という運転手にお目にかかったことはいちどもないと腹で笑う中邑だった。

タクシー乗り場に白線で枠を描いた付け待ちスペースは三台分しかないが、深夜割増の時間帯になると、長さにして百メートル近くも空車の列ができる。その最後尾に並んだ中邑が列の真ん中あたりを越したところまで進んだのは、居酒屋の客が終電の心配をするには早すぎる二三時を過ぎたばかりのころだった。足のある幽霊が道に迷っているみたいな姿を見ると、酔っぱらいは器用に歩くものだと感心する。彼らを除けば駅に向かう帰宅者たちは誰もが足早で、その数は時間の経過とともに増していく。それに較べれば飯田橋駅で下車する人の数は圧倒的に少なくて、だから、順番待ちの運転手たちは、電車が発着するたびに背伸びするようにしてはるか前方を注視する。これで何台分くらい前に進み、自分に花番がまわってくるまであとどれくらいと皮算用するのである。中邑悠貴は、個人タクシーとして仕事を始めてからわずか数か月で営業車をクラウン・ロイヤルサルーン・ハードトップに乗り替えることになるのだけれど、そのきっかけとなる出来事がこのとき起こる。タクシーの列に視線を向けたまま駅の方向から歩いてくる六〇歳前後とおぼしき男の姿が中邑の視野に入った。男は、並んでいる空車を、いち、にっ、さん、と指差しながら歩き、ボディに青いラインが入った白いタクシー（中邑車）のところで指を止めた。それからあらためて指を差し直し、声は聞こえないが口が「乗るよ」と動いた。こういう場合はロングの客だとタクシー運転手なら誰もがピンとくる。

「個人タクシーを探してたんですよ」

乗り込むなり男は言い、「いつもなら個人タクシーがもっとたくさん停まっているのに今日は少ないよね」と続けた。

男は「所沢まで頼みます」と行き先を告げ、「はい」と返した中邑は「やっぱり」とロングの予感的中を腹で思い、「埼玉の所沢ですね」と確認し走りだす。「でも、まだ飲み足りない気分だよ」と、男の言いようは飲み仲間に話すような調子で、聞いた中邑も酒好きときているものだから、「じゃ、コンビニでビールを買ってきましょう」と合わせ、首都高に入る前にビールとワンカップ、それに百円のつまみを買って客に渡している。この出来事があってから、男は週に一度か二度の割合で中邑のタクシーを利用するようになった。彼が使うタクシーチケットには『熊谷組』が印字されていて、それから察するに、男は熊谷組かその関連会社の社員なのだろう。「大沢文也」と自分の名を教えてくれたのは二回目に乗ったときで、彼の自宅は群馬県の高崎市内にあるのだが、週のほとんどを所沢市内のホテルで暮らし、何日かにいちど高崎に戻る生活を続けているのだという。

「今日はうちに帰るから」

いつものように中邑が手渡した缶ビールを片手に大沢が言ったのは、三回目に彼を乗せた夜のことだった。「うちに帰る」。それは「高崎までやってくれ」の意味である。飯田橋から高崎市までだと直線距離で結んでも一〇〇キロ超。告げられた瞬間、「ここはお化けがでる」の台詞を口にした運転手のしたり顔が中邑の脳裏に浮かんだ。バブルの頃に較べればだいぶ小ぶりだが、それでも、お化けは本当にでた。大沢の自宅に着いた時点で料金メーターが表示したのは四万六〇〇〇円を少し超えていたが、「これからは、毎回、高速代込みで四万五〇〇〇円」で話がついている。理屈ではわかっていたつもりだが、個人タクシーでは、こういう仕事もあるんだな、と、思い知った出来事だった。

クーラーボックスを買っておけ　二〇〇五年七月八日

中古車といっても走行距離が三万キロに達していないクラウン・ロイヤルサルーン・ハードトップは内装の質感もボディの剛性感も高いレベルを保ったままで、高速道路では、アスファルトの路面を蹴り飛ばすタイヤの接地音を抑え込みながら滑走していく感覚を運転席に伝えてくる。個人タクシー仲間の誰だかが言った「高級車というのは〝疲れにくいクルマ〟という意味だ」に納得した。

「乗り心地がぜんぜん違う」

ロイヤルサルーンに乗りかえて、喜んだのは大沢文也である。

中邑が営業車の代替えに踏み切ったのは、仕事を続けるうちに、大沢のように法人タクシーを敬遠し個人タクシーを好んで選ぶ客が想像していたよりずっとたくさんいると実感したからだ。そのなかにはロングの客も多く、そうなると「高級車の方が客に選ばれやすい」と中邑なりの当然の結論がでて、そして選んだのがクラウン・ロイヤルサルーン・ハードトップだった。

三年落ちの中古だが、一般のドライバーが自家用車として丁寧に乗っていたクルマである。新品同様に磨きあげた新たな営業車の乗り心地を高崎まで帰る大沢は喜び、それ以上に、タクシー仕様車とは段違いの、運転疲れ度合いの小ささが中邑を驚かせた。吉永栄一からの突然の依頼で雪の関越道を走り新潟県の長岡市まで走ったのは、営業車をこのクルマに代えて一か月も経たない頃のことだった。

和田倉門に近い行幸《ぎょうこう》通りの路肩に止めたクルマにもたれ、都心の空がこんなに大きく見える場所はここの他にどこかあったろうかと中邑悠貴は宙を見上げた。

和田倉門を真ん中にして皇居と東京駅中央口をつないでいるこの道は、信任状捧呈《ほうてい》式に向かう外国大使を送迎する二頭立ての馬車が通るスペースを除いても片側三車線あって、路肩には、街路灯に照らされた深い緑色の葉をいっぱいに広げた銀杏の大木が等間隔で並んでいる。正面に小高い山の稜線のようにつながっている影絵は皇居の森で、その光景を台無しにする無粋な高層ビルの灯はそこになく、見上げる先は銀杏の葉を入れ込んだ夜空でしかない。その空は大きくて、振り返って丸の内のビル群を見さえしなければ、東京の中心部にいることを忘れてしまいそうになる。日比谷通に面した郵船ビルのてっぺんに目をやり、これ以上はもう首が曲がらないというところまで視線を上げていくと、ほぼ二等辺三角形をした夏の大三角が見えた。

早ければ午後八時、遅いときでも一一時にはここにきて吉永か田村からの連絡を待つようになって三か月が経つ。

雪の長岡から戻った日の夕方、吉永栄一に〝その後〟を報告した中邑は、それから三時間後、光が丘にある馴染みの喫茶店に向かっている。光が丘公園に近いそこは広い駐車場を完備していて、夕方を過ぎると休憩中のタクシーが何台も止まっている。中邑が着いたときもそうだった。入口の近くにチェッカー無線グループのオレンジ色のクラウン・コンフォートが二台、駐車場の端にはブルーのラインが入った個タクの白いフーガが二台並んでいた。手前にあるのは買い替えたばかりの吉永の営業車、もう一台は、同じ支部の田村敏夫のものだ。

挨拶を済ませ、中邑がコーヒーを注文したところで「実はな」とあらたまった口調で喋りだしたのは吉永で、電話で「話がある」と、思わせぶりな口調で言った彼の用件は、「これからはお前にも仕事を手伝ってもらうことになりそうだ」だった。

「クルマが足りないんだよ」

田村が言葉を添えた。

吉永の口からでた「仕事」とは、要は、ゆうべと同様の仕事、である。夜になると霞が関の役所を取り囲む道路にわけありげな個人タクシーがずらりと並ぶ。タクシー運転手なら誰でも知っている光景だが、その事情までとなると多くはいるまい。並んだ個タクは、実はいくつものグループに分かれていて、それぞれが何人もの上客を抱えている。客の大多数は霞が関の役人で、彼らがタクシーに乗り込むのは終電が過ぎた深夜だが、利用するタクシーはいつも決まっている。客はグループの世話役のような運転手に電話で連絡を入れ、落ち合う時間と場所を決めておく。指定の運転手がいれば彼のクルマ、都合がつかなければグループの誰かが代わりを務める。客と運転手の間では、待ち合わせ場所や料金だけでなく飲むビールの銘柄まで、すでに〝話がついている〟のだ。そして、いくつもあるグループのひとつを作っているのが吉永と田村で、ふたりはそこで世話役の立場にあるらしい。

「みんなで手分けしてやってるんだけど、クルマが足りなくてな」

田村が繰り返した。

バブルのうちは誰もが意識を向けていなかったが、タクシー利用者の数[*5]は、高度成長時代あたりから急激に進んだ移動手段の多様化にともない、みるみるうちに減っていった。その一方、一〇年前に二三三社だった東京のタクシー会社の数はいまや二九一社。二〇〇二年の規制緩和の影響なのだが、この間に法人タクシーの台数は五〇〇〇台も増えている。減った客を増えたタクシーで奪い合う。そこにもってきてバブル崩壊後の景気後退。ますます客は減り、おかげで日車営収は下がりっぱなしだし、これから先、それが持ち直すとはとうてい思えない。法人タクシーの状況がこのありさまなら、個人タクシーがそこに巻き込まれないわけがなく、中邑の苦戦が続くのも目に見えていた。そんなときに舞い込んだ「仕事」である。中邑のどこを掘り返しても、吉永と田村からの誘いを断る理由はなかった。

「まず、クーラーボックスを買っておけ。最低でも缶ビールが四〜五本は入る大きさのやつじゃないとだめだ」

吉永栄一はそう言った。

茨城県牛久《うしく》市の自宅まで帰る財務省の職員がいて、彼に関してはもう何度も乗せているから要領はわかっている。牛久までの距離は一〇〇キロ超。途中で事故渋滞でもなければ二時間ほどで目的地に到着するが、この間に彼が飲むのはスーパードライの五〇〇ミリ缶を一本だけと決まっている。つまみの類はいっさい口にしない。ビールの缶をパチンと開けると今日のジャイアンツのピッチャーが誰だったかを必ず尋ねるのはいつものことだ。内海がお気に入りらしく、彼が完封勝利をあげたとかいうと話は長くなるが、逆のケースだと「そうか、打たれたのか」で、黙り込む。彼の家があるのは牛久市内のなんとかいう幼稚園の近くで、道路状況によっては少しばかり運賃に差はでるけれど、いずれにしても四万円前後であるのに違いはない。高速代を含めると約四万二〇〇〇円。支払いにはクレジットカードを使う。このとき、中邑は四万二〇〇〇の円の領収書といっしょに五〇〇〇円を現金でバックする。客は領収書を付けて職場にタクシー代を請求するから、タクシーで自宅に戻るたびに五〇〇〇円が彼の財布に入る勘定だ。指定した時間と場所に乗り心地がいい個人タクシーが迎えにきてくれて、車内には好みの酒とつまみが用意されている。しかも、乗るたびに数千円のバックがあるとくれば、客にしたら言うことなしだろう。一方の運転手の側にしても、客を求めて走りまわらずとも、仮眠でもしながら連絡を待っていれば二万〜四万もメーターがでる客が乗ってくれる。客にも個タクにも何とも都合のいい関係は、いつ、どうやって始まったのか、吉永も田村も「よくわからない」と言った。

個人タクシーとして一年前に営業を開始した頃、中邑は、早ければ午後三時、遅いときでも午後五時には出庫していた。それが、早くても六時過ぎに変わったのは、吉永栄一に誘われて「仕事」をするようになってからだ。足りなくなった酒やつまみを近所のコンビニで補充し、次にガソリンスタンドに立ち寄り、それから都心を目指し二時間ほど街を流しながら例の行幸通りへと向かう。そうすると、中邑がいつもの場所にクラウン・ロイヤルサルーン・ハードトップを止めて守備につくのは八時から一一時の間になる。吉永から電話がかかってくるのはたいがい一〇時を過ぎてからだが、今日は、どういうわけだか早い時間に連絡があって、「一一時半に国土交通省のFさんを乗せてくれ」と任された。千葉県の銚子市にある自宅に帰るFさん、三回か四回、これまで彼を乗せたことがあるから待ち合わせ場所は承知しているし、好きなビールの銘柄もチョコレートが載っているクッキーが好みなのもわかっている。霞が関から銚子まで約一三〇キロ、運賃は高速代込みで四万八〇〇〇円ほどだが、彼の場合もバックは五〇〇〇円である。Fさんを乗せるまであと二時間。ちょうどいい、二時間ドラマを最後まで観られそうだ。

皇居に向けてクルマを止め、フェンダーのあたりにもたれかかってラッキーストライクに火を点け、それから宙を見上げ、最初の一服の煙を、ふ〜ッ、とやる。月曜日から金曜日まで、雨の日を除けば、本番の仕事を控えた中邑はいつもこうしてきた。カーナビの画面をテレビに切り替え、それからトランクに積んだクーラーボックスを助手席に載せ替える。近所のホームセンターで買ったクーラーボックスに入っているのはコンビニで仕入れた氷でキンキンに冷えた缶ビールが七本のほか、日本酒、焼酎、ウーロンハイ、ミニサイズのコーラも。つまみは、柿のたね、さきイカ、三種類のクッキー、チョコレート、他に、のど飴が二種類。腹が減ったと言われたことがあって、あれ以来、念のためにドーナツも用意した。タバコはマイルドセブンとマルボロのほかに二銘柄、どれも封を切っていない状態で、これはコンソールボックスに収まっている。Fさんにはタバコもドーナツも不要だが、冷やしたラガービールは銚子に着くまでに二缶とも空けてしまうはずだから、彼を降ろしたらコンビニで補充した方がいいかもしれない。

この仕事をするようになって三か月、中邑の月の水揚げは一〇〇万円を切ったことがない。先月は一二〇万円に届きそうだった。ガソリン代や車検、タイヤ交換の費用の積み立てに二〇万円、客に提供する酒やつまみの代金、それに客へのバックの総額を一五万円とみても、中邑の元には八〇万円ほどが残る。北光自動車交通での運転手時代に較べれば、楽して稼げる、はるかに割のいい商売だと思う。ただ、近ごろの中邑には小さな不安がつきまとうようになっていた。こんなうまい話はいつまでも続かないのではないか。何が起こったわけでもないが、そんな不安が湧いてくることがときどきある。

一部の個人タクシーと霞が関の一部の役人の特別な関係が「居酒屋タクシー」と呼ばれてメディアを賑わすのは、それから二年後のことである。

＊1　レーガン政権下でのインフレ抑制策は、結果として貿易赤字を増大させることになり、ドル相場が不安定になった。ドル危機の再発を恐れた先進国は、協調的なドル安を図ることに合意する。「プラザ合意」の呼び名は、先進五か国蔵相・中央銀行総裁会議の会場となったニューヨークのプラザホテルにちなんだもの。アメリカの対日貿易赤字が大きかったころから、合意は、実質的には円高ドル安に誘導する内容だった。日本から出席した当時の大蔵大臣は竹下登。

＊2　東京のタクシーの営業区域は五つのブロックに分かれている。都内二三区と武蔵野市、三鷹市を合わせたブロックが「特別区・武三地区」。本文中で書く営業区域を意味する「東京」とは特別区・武三地区のこと。ほかに青梅市などの西多摩地区、立川市を中心とする北多摩地区、八王子を含む南多摩地区、大島、三宅島などの島地区がある。

＊3　関東運輸局がサンプルとして選んだ二九社の一日の運送実績（＝総営業収入）を、その二九社の実働車両数で割った数値（＝一台あたりの営収）が東京の日車営収。

＊4　割増料金が発生する時間帯、オレンジ色に光る「賃走」の表示は緑色の「割増」に変わる。その色から、割増時間帯を青タンと呼ぶ業界用語。

＊5　一九八九年（平成元年）に四億一五三六万人だったタクシー（ハイヤーを含む）の輸送人員（東京）は二〇一〇年（年度）には三億四七八二万人に減少。二〇一八年になると、その数字は二億六九一四万人にまで落ち込んでいる。一日あたり一一四万人（八九年）だったタクシー利用者が七四万人にまで減ったことになる。

三章

農協と減反と聖域なき構造改革

大分　東京　一九八一年～二〇〇七年

東京へ

二〇〇七年一一月二三日

離婚の記念に一〇キロの鉄アレイを仕込んでおいたと香織《かおり》が白状したら、いまならその言葉をこれっぽっちも疑わないで信じてしまいそうだ。到着ロビーにあった手荷物用のカートを素直に使えばよかったものを、バッグひとつだけ載せて押すなんてと周りの目を気にして見栄を張ったのがいけなかった。右手に提げたボストンバッグに詰まっているのは三日分の下着と靴下、それに着替えのシャツが二枚、あとは封筒に入れた現金だけなのに、それがずしんと腰にきて持つのが辛い。痺れを伴ったひどい腰の痛みとは手術しても消えなかったのだから仕方がないと半ば諦めてもいる長い付き合いだが、羽田に着くまで二時間近く同じ姿勢で座っていたのが、とにかくこたえた。

離陸する少し前、機長が「上空の気流の関係で機体の揺れが予想されます」と、ほぼ満席の客室に向けてアナウンスした。何も心配はないと伝えるための落ち着きはらったその話しっぷりを聞いたらかえって不安になったけれど、揺れは思いのほか小さくて、全日空８００便は定刻どおり一九時四〇分に羽田に到着している。「でっかい空港だなァ」と、思いが言葉になってでた。それでなくても身長一五四センチと小柄な彼が羽田空港の広さに戸惑いながら腰の曲がった老人のように前かがみで歩く姿は、見知らぬ土地で飼い主とはぐれてしまった子犬みたいな、このときの彼の心細さを物語っていた。

空港ビルをでてリムジンバスの乗り場に辿り着いたとき、時間は夜の八時をずいぶんまわっていた。オレンジ色をしたバスを前にして、また戸惑う。行き先はいったいどれくらいあるのか、新宿エリア、渋谷エリア、銀座・日本橋エリア、豊洲エリア、と、行き先案内を順に目で追い、しかし、読んだところで、そこがどんな場所なのか、そこに行けば何があるのか見当もつかない。そもそも、ハナから行く当てなどないのだ。思い悩んだ末に「行くしかない」と決めた東京だった。当てもなくでてきたのだからいくら思案したところで行き先が決まるわけもなく、さて、どうしたものかと途方に暮れたところで「板橋区」が頭に浮かんだのは、たまたま、ではない。とはいえ、板橋区が東京のどのあたりにあるのか見当もつかないし、板橋区に向かえばどうにかなるわけでもないけれど、空港に居すわったところではじまらないとだけはわかっていた。

「板橋方面なら、とりあえずリムジンバスで池袋に向かって、そこから電車で、ＪＲなら板橋駅、東武東上線だと……」

案内係の男の丁寧な説明はかえって彼の頭を混乱させるだけだったが、それでも、乗るべきは「池袋行き」なのだとは理解した。

首都高速道路を走るバスの車窓に夜の高層ビル群が映る。雨こそ降ってはいないが月の姿をどこにも見つけられない空はインクブルーの深い青よりはるかに暗く、水平方向の視線の先には空の色よりも黒い高層ビルの輪郭が影絵となって延びている。別世界の風景が広がっていた。

現実感がまるでない東京の夜景に目が釘付けになった。けれど、そうしていても、ふだんにも増して強い腰の鈍痛が紛れることはない。それから三〇分後、バスを降りた先は、案内係の男に教えられたとおりサンシャインシティ・プリンスホテルだった。『スガモプリズン』(旧東京拘置所)の名を耳にしたことはあっても、このホテルがかつてのスガモプリズンの跡地の一角に建っているのだと知るのはずっと後の話である。夜の一〇時。今夜はここに泊まるしかないと腹を決め、ネット予約でなら半額ほどで泊まれたろうに、ばか正直にフロントで「部屋は空いてますか」とやったものだから宿泊料金は税込み一万五三〇〇円だった。安いビジネスホテルはいくらもありそうなものを、それを探してみようという頭がまわらず、まわったところで探す術が浮かばなかったろう。部屋に入るなりシャワーを浴び、テレビを点けることもなくベッドにもぐり込んだ。峰田《みねた》をでてから何も食べていなかったが、緊張が続いているせいか空腹感はない。いつもそうしているように、背中を丸める姿勢になって痛む腰に右手を当てた。手の温もりがすぐに伝わり、気休めとわかっていても、何もしないより少しはましだと思う。眠ってしまったのを覚えていない。気がつくと朝だった。

いつだって朝の四時には起きだすのが彼の身体に染みついた習慣だが、この日は、目が覚めると七時をとっくに過ぎていた。カーテンを開けた視線の先に縦長の白くて巨大なマンションが見える。上から階数を数えだしたが手前に建つビルで下までは確認できず、それでもゆうに四〇階はありそうだとわかって仰天し、やっぱりここは東京なんだと自分に言ってきかせた。雨は降っていないようだが、鈍色の空は、どこを探しても陽の光を通す隙間を作っていない。点けたテレビが映しだしたのは天気予報で、「日中はずっと曇り空が続くでしょう」と無表情で予想した気象予報士の若い男が「今日、一二月三日の最高気温は一四度」と言っている。おそろしく腹がへっていた。近所の喫茶店にでも飛び込めば五〇〇円で釣がくるモーニングメニューを注文できるのに、このときの彼の頭にはそんな選択肢さえ浮かんできていない。

広いエントランスホールを挟んでフロントの反対側に何軒かの飲食店が並んでいて、そこで、横文字のなんとかいう洒落た名前のカフェ・ダイニングを見つけた。地階まで降りればあと何軒か食事ができそうなところがありそうだったが、店の前に広げてあったメニューの「朝食バイキング」でここに決めた。腰の痛みが少しだけ楽になっているような気がする。食事を済ませたら、六年前に受けた手術の日からこっち、ずっと欠かさず服用している病院で処方された鎮痛剤を「忘れずに飲まなければ」と頭に浮かべた。

和洋なんでもありのバイキングで一七時間ぶりの食事を済ませ、ひといきついたところで一杯目のコーヒーを飲んだ。コーヒー通ではないし、日常的に飲む習慣があるわけでもない。けれど、カフェ・ダイニングの酸味に寄ったそれを口にしながら、朝は、どちらかといえば苦みの一杯の方がいいようだと自分の好みをこのとき初めて知った。天井のどこかにスピーカーが埋めこんであるらしく、そこからピアノの音楽が流れ続けている。この店で、一人でテーブルに向かっているのは、自分と、あと二人、スーツ姿を決めたビジネスマンふうの中年の男だけで、残りは旅行者たちだろうか、年齢層はさまざまだが、カップルだったり三〜四人連れだったりだ。ふたつ隣のテーブルには若い三人組の女たちがいて、そこから聞こえてくる会話は日本語ではなかった。すでにチェックアウトを済ませているらしい彼女たちは、旅行用の大きなスーツケースをテーブルの横に並べている。鮮やかな原色のそれはどれも真新しくて、この日のために買ったものだろうか。見るとはなしに視界に入った彼らの姿。急に、胸やけでもしたような小さな息苦しさを覚えた。誰もが自分と同じ空間にいて、誰もが、自分が飲んだのと同じ味のコーヒーを口にしている。それなのに、と思う。旅行者であったりビジネスマンだったりする彼らと当てもなく東京にでてきた自分には〝確かな今日の予定〟があるか否かという、豊後《ぶんご》水道のこっちと向こうほども違いがある。少しの時間をこの空間で過ごす彼らの姿はもうすぐ消え、いつまでも行き先が決まらない自分だけがここに取り残される。その事実を突きつけられているような思いが湧いてきて、隣のテーブル席の男たちに聞かれやしまいかと心配になるほど「ドクンドクン」と焦る鼓動だった。

上着の右ポケットに手を突っ込み、人さし指と中指で端に寄せた小銭をテーブルに並べた八枚の千円札の上に置いてみる。三八〇円あった。きのうの出費は、航空運賃の二万五〇九〇円、リムジンバスの料金が一二三〇円、それにホテル代。合わせると、最初の一日だけで四万一六二〇円がすでに消えてしまった計算だ。このラウンジでの朝食料金が一九四四円だから、それを差し引いて残りは六四三六円で、封筒に入れたまま黒い小さなバッグの底に押し込んであるのが虎の子の四五万円。これが全財産だが、五七歳で人生をやり直すのに四五万六千なにがしが十分な金額なのか、それとも、まるで心もとないのか、この期におよんで否やはなかった。何でもいいから、とにかく今日中にでも職を探さないと。そう思ったとたんドクンドクンは更に強まってドックンドックンとなり、求人欄を見なくちゃ、「新聞を」と、立ち上がろうとしたとき、ラウンジの女性スタッフが「朝食時間は一〇時半までございます」と笑顔で告げにきた。このとき、もし彼が、わかりましたを伝える意味の頷きだけでなく、そのついでに「このホテルからいちばん近いハローワークは？」くらいの気の利いた質問でもしていたら、きっと「サンシャインシティの三階に」と彼女は応えてくれていただろう。

東京にでたらバスの運転手に、とは漠然と考えていた。自動車を運転する仕事には自信がある。大型免許だけでなく、路線バスや観光バスの運転手として働くのに必要な大型二種免許だって持っているし、実際、バスもタクシーも運転手として働いた経験がある。腰の持病を考えるとトラックに乗るのはもう無理だけれど、経験を言うなら長距離トラックの運転手だってやったことがある。

新聞の求人欄にＪＲ中央線沿線で路線バスを運行している関東バスの運転手募集を見つけ、すぐに電話したが、自分の年齢を告げた時点で断られた。電話の向こうで話す男が「当たってみてはどうか」と教えてくれた貸切バス事業で有名な日の丸自動車にも連絡したが、結果は同じで、ネックになったのは、やはり五七歳という年齢だった。そして、断りの言葉を口にした後で、電話の相手は、こう続けた。「うちの会社にはタクシー部門もありますから、そちらに応募してはどうでしょう」と。経験はたしかにあるけれど、しかし、西も東もわからない東京でタクシーの運転手になるなどとはさすがに考えてもいない。それでも、せっかくだから、と、教えられた先に電話をかけてはみたが、どうやらタクシー業界も事情は同じらしく、遠回しにではあったけれど「六〇歳を目前にした運転手はいらない」の趣旨を告げられている。彼が東京にでてきた年、都内でタクシー運転手になるために東京タクシーセンターで地理試験を受けた人の数はおよそ一万五〇〇〇人。翌年は一万四〇〇〇人台、次の年は一万三〇〇〇人台、それが二〇一〇年から先、一気に六〇〇〇人台に激減してしまい、この年を境にタクシー業界は慢性的な人手不足の状況に陥っていく。彼が職を求めたとき、タクシー運転手のなり手はまだいくらでもいて、新聞に求人広告をだす事業者にしてみれば、六〇歳を目前にした男をわざわざ雇わずとも易々と運転手を集められる状況にあったのである。そうとは知らず、たて続けに門前払いをくらってしまい、といっても三社に断られただけなのに、もう、すっかり気が萎えてしまい、傍から見たら口喧嘩に負けて尻尾をまいた雄猫のしょぼくれた姿のようだったろう。空になった皿とオレンジジュースを飲み干したグラスを下げにきたウェイターに、俯いたまま「ありがとう」と応え、三杯目のコーヒーには手を伸ばしもせず、テーブルの端に置いたショートホープの残りの本数を無意識のうちに数えだす。あと四本。これからトイレの横のスモーキングルームに駆け込むなら話は別だが、全席禁煙のカフェ・ダイニングにいる限り減ることはないタバコである。夕方までに買うとして、また金がでていく。ただそれだけのことで溜め息がでた。

「なんで東京にでてきちゃったんだろう」

この先、弱気の虫が顔をもたげるたびに、弱音だか本音だか自分でも区別がつかない、胸のうちに湧いてくる思い。「なんで……」。そして、そのすぐ後には、決まって「けれど」が突いてでる。

夏目雅子が亡くなり、週刊誌が「疑惑の銃弾」と報じた「ロス疑惑」の渦中の人物が殺人未遂容疑で逮捕された日だった。二二年前（一九八五年）の九月、夏の盛りはとっくに過ぎていたが朝からぐんぐん上がった気温は最高三四度を超え、麦わら帽子の下で吹きだす額の汗が目尻をかすめて流れ落ちていったあの日、昼過ぎに自宅に戻った彼の機嫌は上々だった。玄関を開けるや「あと一週間か、遅くても十日後だな」と妻に言い「今年も豊作だ」と続けている。この年の全国の水稲の作柄状況を、農水省は後に「秋の長雨や台風に見舞われなければ収穫量は前年並みが予想され、二年連続の大豊作になる見通し」と発表するのだが、合わせて二町七反（二・七ヘクタール・約七〇〇〇坪）の棚田に作付けした彼の稲にしても見通しは同様だった。早朝から棚田を見てまわり、稲刈りに最高のタイミングまで「あと一週間か、遅くとも十日」で、稲の実り具合は、「今年も大豊作」を約束してくれていた。シャワーを浴びて汗を流し、棚田の様子を妻に上機嫌で話しながらテレビを点けると、ワイドショーが、女優、夏目雅子の訃報を伝えていた。二七歳の彼女を死に追いやった骨髄性白血病について、ゲスト出演している専門医が解説している。「人口一〇万人当たり六・三人の割合で発生する難病」。そう教えられたところで、病気といえば風邪か腹痛くらいしか浮かばない彼には途方もなく無縁な話に聞こえていた。「よりにもよって、どうしてそんな難しい病気に」と、率直な思いが声になってでた。画面が、かつて彼女が主演した映画『鬼龍院花子の生涯』のワンシーンの写真を映しだす。「美人薄命っていうけど」と、夏目雅子の突然の死を知って、おそらく誰もが口にした、あるいは思った言葉を、彼も、テレビに向かって呟いていた。彼が、丹精込めて育てた自慢の稲の全滅を目にするのは、それから六日後のことである。

『日本農業新聞』の九州版（一九八五年九月二八日付）が、「収穫前にウンカ発生」の見出しを付け、この地方の稲の被害状況を書いている。

「『今年も大豊作』と期待していた宇佐市農協管内にウンカが異常発生している。管内の水田は〝ホゲ田〟が点々とみられ、収穫期を目前にした稲作農家に大きな被害を与えている」

こう始まる同紙の記事は、長雨、寡照、（ウンカに適温の）気温が、この地方では過去に例がないほどウンカを大発生させ、被害の大きいところでは水田の過半数がホゲて、収穫は平年作どころか半作にも達しない農家もでてきたと伝えた。全国にある四万社を超える八幡宮の総本宮、宇佐神宮で知られる宇佐は峰田からは目と鼻の先だが、ウンカの被害は峰田の方が大きかったようで、その日、彼が目にしたのは、きのうまでのみずみずしさに輝いていた稲とはまるで別物だった。言葉がでなかった。ウンカに襲われた彼の二町七反の水田の稲は、すべて生きた色をなくし、彼は、その状況を前にただ呆然と立ち尽くしていた。

東京にでてくるしかなかった。

冷めきった三杯目のコーヒーをひと口すすり、スポーツ新聞を手にとった。上原が両手を突き上げて勝利のガッツポーズをとる写真を掲載した『日刊スポーツ』は「負ければ敗退　韓国戦　4時間死闘制し五輪王手」と長い見出しを付け、北京オリンピック・野球のアジア予選で日本が韓国を四対三で破った試合が一面を飾っていた。そこを飛ばし、二面も三面も飛ばして求人欄を広げた。そのとたん、吸い寄せられるように「心機一転‼」に目が行った。度の強い老眼鏡をかけても拡大鏡が必要なくらい小さな文字を並べた求人広告のキャッチコピーだったが、それはタクシー運転手を募集するもので、会社の所在地は「渋谷区」とある。渋谷区がどこにあるのか皆目わからない。タクシー運転手という仕事に惹かれたわけでもない。それなのに、そこに記された「心機一転」の文字を目にした瞬間、迷いなのか不安なのか、胸の奥でくすぶっていた自分でもよくわからないもやもやが、すとんと落ちた。カフェ・ダイニングで日刊スポーツの求人欄のページを開いているのは必然なのだと感じた。そうだとすれば、このホテルに泊まったこと自体が必然だったのだとも思う。東京でタクシーの運転手なんてやれるだろうかという心配などこのときは頭に浮かばず、すぐにその会社に電話をかけた。年齢を聞かれ「五七歳です」と答えたところで先方は「申し訳ないけれど」と断りの言葉を返してきた。「そうですか」と言って電話を切ったが、それでも彼は、タクシー一本に絞って職探しを続けることにした。二社目も三社目も四社目も「面接にこい」とすら言ってもらえず歳を理由に体よく断られたが、心機一転と自分に言い聞かせた。まさに心機一転なのだ。東京でタクシーの運転手としてやり直す。このとき、彼は、そう腹を括ったのだ。

省東自動車の社員寮は道を挟んで会社の真向かいにある三階建ての茶色いマンションで、案内された部屋は、いわゆる2DK、身ひとつで東京にでてきた初老の男がひとり暮らしをするには広すぎる空間だった。不動産業者に連れられてアパートの空き物件の内覧でもしているように、先住者が去って久しいであろうと想像がつくそこには、備え付けの、しかし配線されてない役立たずのエアコンを除けば、冷蔵庫、洗濯機はもちろん、一切の家具の類も窓のカーテンさえもない。「ガランとした」という表現しか浮かばないガランとした部屋。かつては三畳ほどの大きさのカーペットが敷いてあったとわかる跡が残るフローリングの間で、彼は、ボストンバッグを提げたまま、まず何をしていいのやらわからずに突っ立っていた。

「ここを使ってくれ。今日からあんたの部屋だ」

法師《ほうし》誠也《せいや》はそう言った。

七時間前、カフェ・ダイニングで四杯目のコーヒーを前にして電話をかけた『省東自動車株式会社』は、四社のタクシー会社に門前払いされた後の、五番目に連絡をしてみた板橋区内の会社である。

「採用祝金一〇万円支給　入社研修日額三万×五日　年齢不問　生活支援制度有　独身・家族寮、即入」

紙面の下半分に二〇社も並んだタクシー会社のそれと同様、三センチ四方の小さなマスに採用条件をびっしり書き込んだ募集広告の内容に特段の興味を惹かれたわけではないが、所在地を知らせる「東武東上線上板橋」を読み飛ばせなかった。長男の顔が浮かんだのと、羽田空港のリムジンバス乗り場で案内係の男が彼を混乱させた「東武東上線だと」の言葉が頭のどこか片隅に残っていたせいかもしれない。

「そうか、大分県からでてきて、行く当てもないのか」

電話口で対応してくれた省東自動車の採用担当者は、後に、何くれとなく彼の世話をやいてくれることになる法師誠也で、名前からして有り難さに溢れた営業部長だった。タクシー運転手として働くのに必要な二種免許を持っていること、経験があること、書類上だけでも離婚という形をとらなければならなかった妻が大分にいること、今夜の泊まる場所も決まってないことなど、彼が抱えている事情の断片を聞いた法師誠也は、電話の向こうで、ひと言「わかった」と応じ、面接することもなく五七歳の彼を採用すると言い、午後四時にホテルまでクルマで迎えに行くと続けたのだった。

宿直室から借りだしてきた布団と石油ストーブを寒々とした部屋に運び入れ、「今夜はこれでいいとして、明日か明後日には暖房器具と布団を一組どこかで買ってこないといけないだろう」と考えたのが、職と住む部屋を確保した彼の最初の仕事だった。石油ストーブの銀色の反射板が真っ赤に染まり、少しだけ室温が上った部屋で、彼は初めて腰を下ろした。とたんに冷気が尻に凍み、東京ってこんなに寒いのかと驚いた。

ホテルで分不相応な朝食を摂ってからは、少しでも出費を抑えなければと何も食べていなかった。腹が減っている。自分を迎えにきてくれたクルマが省東自動車に着く直前、交差点の角にファミレスの看板がでていたのを思いだし、そこに向かった。大分では名前も聞いたことがない『ビッグボーイ』。ステーキとハンバーグが専門のファミレスで、注文したのは、おそらく俵を模した形のハンバーグだから「大俵ハンバーグ」なのだろうが、それに、サラダ、スープ、ライス、カレーがお代わり自由のセットだった。この日から後、離婚して峰田に残してきた妻を呼び寄せるまでの一〇か月間、彼は食事を、来る日も来る日もここで摂ることになる。

店内のいちばん奥の窓際の四人掛けのボックス席に座ると、ガラス窓の向こうをひっきりなしにクルマが通る片側一車線の道が見えた。濃いオレンジ色のボディに青と白のラインがデザインされた中央無線グループ[*1]のタクシーが走り抜けていく。このあたりで回送表示をだしているのだし、あれは省東自動車の営業車だろうか。東京でタクシー運転手として働くには、二種免許とは別に、東京タクシーセンターが実施している地理試験に合格する必要があると教えられた。合格率が四〇パーセント台でしかない難関だと脅かされているその試験を突破したら自分もあの中央無線カラーのタクシーを運転するのだと考えると、行く当てもなくコーヒーを飲んでいた今朝の状況が嘘のように思えてきた。このときの彼は、地理試験を、東京のタクシー運転手なら誰もが通る関門くらいにしか思っていない。事実、そのとおりではあるのだけれど、関門通過にはずいぶんな努力を要するとは想像もしていなかった。長男の顔が浮かんだ。有名な精密機械メーカーで働く息子に会うのはいまは無理だとしても、やつが住む独身寮も同じ板橋区にあるのだし、いつかいっしょに飯でも食えるようになるだろう。まずは自分が稼げるようにならなければ。最初の給料を貰うのは、一か月か、もしかしてもう少し先だとしても、手をつけずに残してある四五万円があればやっていける。封筒に入れたままのその金は、肌身離さず持ち歩いている黒い合皮の小さなバッグのなかにある。それをギュッと握りしめた。二日後、四〇万円以上を入れたまま地下鉄だか山手線だかの車内に置き忘れ、ついに戻ってくることがなかった黒いバッグである。

農地三町五反

一九八一年三月吉日

国道三八七号を逸れた展望台から眺める棚田の風景がマチュピチュに似ているとかで『東洋のマチュピチュ』と誰かが言いだし、いまではその呼び名で知られるのは、彼の田畑がある峰田にほど近い、宇佐市院内町の西椎屋地区である。展望台からは、円錐形をした標高四八〇メートルの山（秋葉様）と、棚田を支える石垣や家屋が並ぶ風景を眺めることができる。広角レンズで覗くそれは、いわれてみれば映像や写真で紹介されるマチュピチュに似ているかもしれないが、彼にしてみれば、自分の棚田の方がよっぽどマチュピチュだ、となる。大分県の北東部、国東《くにさき》半島の近くに位置する人口約三万人の峰田市。山あり谷あり、わずかながらも平地ありと地形は多様で、面積は二五〇平方キロメートルというから、東京二三区のうちもっとも広い、羽田空港がある大田区の四倍以上もある。西に位置する立石峠は、かつて豊前国と豊後国の境界で、現在は、半島の付け根を横断するようにしてＪＲ日豊本線が通っている。標高二〇〇〜

六〇〇メートルの山々に囲まれたそこが彼のふるさと、峰田市峰田西町である（大分県に峰田市は実在しない）。

標高五〇〇メートルあたりに広がる棚田に立つと霞の向こうに幾重にも山が連なり、天気しだいでは周防灘の海が銀色に光る。二六年間、この地に立ち、季節ごとに変わる山の色、日ごと成長する稲の実り、ただの一度として同じであったことがない風景を眺めては豊作を祈り、耕地の恵みに喜び、感謝してきた彼だった。戦後の農地解放で広大な田畑を手放すことになったが、藤枝家の元を辿れば豊前国の郷士で、かつてはたくさんの小作を抱え、地域の水利権を一手に握っていた豪農だった。いま、棚田の面積は二町七反（二・七ヘクタール）。平らな土地なら単純に七〇〇〇坪ほどになる広さだが、山の斜面を利用しての段々畑だから実際の作付け面積は数値よりは少しばかり狭い。そして、昔はともかく、現代農業の経営には合理性を欠く棚田を所有しているのは、水が湧きだす山のてっぺん近くを所有するのが当たり前だった、かつての大地主ゆえである。別に畑が七反、ハウス栽培のためのビニールハウスは学校の体育館くらいの広さのものが五棟ある。彼が婿養子となって棚田をはじめとする農地三町五反（三・五ヘクタール）と、他人の土地や公道を通らずとも隣の集落まで行けるほどの広大な山を引き継ぐのは、藤枝の長女、香織といっしょになってから先のこと。食糧管理法の改正によって米は配給ではなくなり、それに伴って米穀通帳が廃止になった一九八一年（昭和五六年）、その年の三月、彼が三一歳、香織は二三歳での結婚だった。当時、一定以上の耕地面積を有す農業経営体の耕地面積の平均は二・五ヘクタールだったから、山林を勘定に入れなければ、農業を主な仕事にしている農業従事者としての彼は、全国平均を一ヘクタール（一町歩）ほど大きい農地を所有する農家の跡継ぎになったわけである。好きな農業を好きなようにやれる。意気込んだ。

彼の生家は耕地を五反しか持たない零細農家で、元は藤枝の小作だった。そこに生まれた彼は九人兄弟の六番目。今でこそ農業技術の向上で同じ面積から穫れる米の量は増えているが、かつては一人が一年間に消費するとされる量（一五〇キロ）を一石としたから、九人兄弟なら彼らが食べるぶんだけで九石（一三五〇キロ）が必要になる。五反から収穫できるのはせいぜい一三〜一四石。両親と祖父母を勘定に入れたら売る米なんて一粒だって残らない。彼の生家は、それくらい規模が小さい農家という意味である。米作りをしたいと願っても「米農家」と胸を張れるほどの量を作付けできるわけでもなく、かといって野菜の栽培なら何でもこいともいかない。狭い面積をもっとも有効に使える作物を選ぶしかなかった。美味い米を作りたい、ハウス栽培で野菜を育てる腕をふるいたい。藤枝に婿入りし、好きな農業を好きなようにやれると勇んだのは当たり前の感情だった。このとき、それから二六年後、工面した五〇万円とボストンバッグひとつを手に、逃げるようにして、香織を残し東京にでていくことになるかもしれないなどと縁起でもない想像をするのは、六〇キロの米俵に一匹だけ紛れ込んでしまった穀象虫を見つけだすよりはるかに難しい注文だったろう。

ひとりの農業従事者としては、米を作るにしても野菜を育てるにしても、その腕は他人より優れてはいても劣ることは決してないとの強い自負がある。では、農業経営体の経営者としての才覚はどうなのか。三町五反と広大な山林を引き継ぐことになった時点では想像してみたこともないけれど、かと言って、自民党の農政に任せておきさえすれば農業はこれまでどおり安泰と呑気を決め込んでいたわけでもない。農業技術の向上は米の収穫量を増やしてきたが、しかし、その一方では、食生活の変化によって米の需要は伸びなくなっている。時代が、農業をめぐる状況を変えようとしているのかもしれない。結婚した年に起きた「米穀通帳の廃止」の意味を、そう受けとめる彼だった。

一九七〇年から始まった国の減反政策はこの時点でも続いている。そもそもを言いだせば、話は一九六七年（昭和四二年）の、かつてない大豊作に遡り、その年の米の収穫量は前年比一七〇万トン増の一四四五万トン。天候に恵まれた結果だといわれたが、翌年もほぼ同量、翌々年は天候不良が続いたにもかかわらず、それでも一四〇〇万トンを超える大豊作だった。すると、均衡していないと何かと不都合が生じる米の需給は生産過剰となり、一九七〇年には過剰米の量が七二〇万トンにも達してしまったのである。三年続きの大豊作は食管制度[*2]の土台を揺るがすことになった。国が高く買い上げる生産者米価と安く売り渡す消費者米価との間に生じる価格差が一挙に膨らんで、財源である食管会計を圧迫、他方、大量の過剰米は活用の見込みがないまま保管され、そのための財政負担も拡大していったのである。国が本格的な減反政策に踏み切るのは、その翌年、一九七〇年のことだった。

彼にしてみれば、いや、彼に限らない米農家にしてみれば、減反に対する心情は複雑だった。

彼が香織と結婚する四年前、彼らとは縁もゆかりもない、峰田から九〇〇キロ以上も離れた山形県で農業に従事する星寛治が、自らの体験を綴った『鍬の詩』(ダイヤモンド現代選書)を上梓している。そのなかで、星は、減反政策を知ったときの気持ちを「まるで青天のへきれきのようなことであった」と書いた。そして、こう続けていた。

「それは信じられないことであった。米一粒でも多くとることが農民の生きがいであり、美徳であり、惰農は人間失格につながっていた」

「作るな、田を荒らせ、そうしたら奨励金をだす、という発想は、農民の倫理とは無縁な、どうしても理解しがたい権力的なものに思えた」

心情は彼も同じだった。本心を言えば減反なんてしたくない。美味い米をたくさん作り、次の年は、もっと美味い米を、もっと作りたい。その思いが米作りの腕を磨き農業技術を向上させるのだと彼も知っている。減反政策はそれを邪魔していると思う。けれど、米余りに伴う米価の値下がりを防ぎ、農家を守っていくとする国の方針を受け入れた農協に説得されたら、否も応もなかった。農協には逆らえない。農協に逆らうなんて、自分から〝まずい事態〟に飛び込むようなものだ。それがわかっているから「減反は嫌だ」と声を張り上げることはできず、彼の二町七反の棚田は、少ないときでも三・五反、多いときには六反の減反をしなければならなかった。

稲の苗を植えなければ田の土が荒れる。それを防ぐため、代わりに大豆やトウモロコシの種をまく。三週間もすれば芽がでてくるけれど、奨励金を得るための捨て作りだから手はかけず、そのまま放置しなければならなかった。減反農家には減反補助金とか転作奨励金の名目で一反当たり合わせて三万円ほどが国から支給されていたのだ。一反から収穫できる米は六〜七俵、金額にして一二万円前後になるが、苗や必要な肥料の代金に四万五〇〇〇円はかかっているから差し引き七万五〇〇〇円、さらに、収穫までにかける膨大な手間を考えると、支給される三万円は不当に悪い額ではない。だから、それはそれで有り難いとは思うけれど、捨て作りなど百姓にしたらもってのほかだし、言われるままに減反するのは、やはり多少なりとも抵抗があった。時代劇に登場するしたたかな農民たちは、年貢の取り立てに厳しいお代官様の目を盗み、森の向こうの隠し田で自分たちが食う米を作っている。同じことをした。減反をしたことにして補助金を受け取り、その実、視察の目が届かない棚田の端で稲を育てた。〃ずるい気持ち〃がそうさせたというのが正直なところだが、それだけではなかった。権力に抗う、などとたいそうな思いではないにしても、否応ない減反への少しばかりの反抗心もあったのだ。隠し田から収穫した米は、自主流通米として別府の温泉ホテルに売って現金に換えた。彼だけでなく、彼の知る農家の何軒かは、同じようにして現金を得ていた。

農協

一九八八年八月某日

事務所といっても畳の部屋にすれば六畳ほどの広さでしかないが、部屋の真ん中をカウンターが仕切り、内側に事務机が二脚、入口側には黒いパイプフレームの簡素なテーブルと椅子が陣取っている。ところ狭しとばかりに積まれたり並べられたりしている書類の山は、いまや、そのほとんどが何の目的でそこに置かれているのかさえ、山積みの書類が何なのかさえ、忘れ去られているとしても不思議ではない。震度5の揺れを想像したくもないこの部屋で、運転手たちが必要とするのは、カウンターの上のアルコール検知器と、すぐ横に無造作に置かれた水揚げのランキング表だけだろう。出番だった運転手の、前日までの水揚げ額を上から順に記したA4版の紙をバインダーに挟んだもので、ぱらぱらとめくってみると成績表は一か月分ほどはありそうだった。彼の名前もある。ランキング表の上から数えて一〇番目あたりに彼の名前はあって、三日前の営収、五万九三〇〇円が記載されていた。彼の勤務形態は、タクシー業界用語で「ナイト」と呼ばれる夜勤で、働く時間は夕方から翌明け方までの半勤である。まる一日勤務する運転手と同等の水揚げを半日で揚げているのだから、五万九三〇〇円は、彼がけっこうやり手の運転手であることを示していると見ていい。北光自動車交通に入社してからの数年間は東京のタクシーの一般的な勤務形態である隔勤の運転手として働いていたが、年金受給者となったいま、就労時間が正社員の四分の三以下であることが条件の定時制社員として、週に一度か二度、ナイトの運転手として営業にでるようになっている。週末になると、こんどはこの狭い事務所に詰め、仮眠をとることもなく翌朝の九時まで宿直業務もこなす。かかってくる客からの電話は、たいがい車内への忘れ物に関する問い合わせだ。

無糖の缶コーヒーとショートホープをテーブルに載せ、テレビを点けると、深夜の再放送が山間の農村の風景を映しだしていた。黙って画面を見つめているうちに、峰田の棚田の風景が彼の脳裏に浮かんできて、すると、破綻へと続く歩みの一歩は、もしかすると三町五反の農地を引き継いだその日から踏みだしていたのかもしれない、と、いつものように思う。そして、振り返ってみれば、それが具体的な形として自分の前に初めて姿を現したのは結婚から八年ほど経った頃だった、と、いつものように確認する。農業従事者としての二六年間を冷静に俯瞰で眺めてみると、あの頃の自分は、農協の言葉に隷従しているも同然だったといまならわかる。

一九八〇年に大分県で始まった地域振興運動「一村一品運動」は、当時の県知事、平松守彦が旗振り役となって県内すべての市町村で実施されている。全国的に知られるブランドでは大分麦焼酎やカボス、関アジ、関サバなどがすぐに思い浮かぶが、この取り組みに名を連ねる大分県特産の品目は現在では三百をはるかに超えている。一村一品運動の〝一品〟は、かならずしも一品という意味ではなく、峰田農協の管内では、ブランドの豊後牛や柚子加工品と並んで、ほおずき、きゅうりもあつかうようになっている。

農協からその話が舞い込んだのは、香織といっしょになってから八年ほど過ぎた頃だった。当時の総理大臣、竹下登が発案した公共事業、各市町村に地域振興の名目で一億円を交付し、その金を使ってできた日本一長い滑り台とか巨大な吊り橋とか一億円の金塊とか村営キャバレーだとかが話題になった「ふるさと創生事業」と時期が重なる一九八八年、彼が四〇歳を間近にした年のことである。

「われも食用ほおずき、やらんか。有名な化粧品会社が買い取ってくれることになっている」

農協の担当者はそう言い、「栽培した食用ほおずきは一粒六円で化粧品会社が買い取ってくれる」と続けている。文句なしの好条件、一粒で六円は、彼にしてみれば、うまい話だった。

わざわざ「鑑賞用」と断りを入れなくても、「ほおずき」といえばオレンジ色の袋が実を包むあれのことで、食用があるのだとは聞いたことはあっても実物を見たことはない。南米ペルー原産とかヨーロッパが原産とかの説がある食用ほおずきは、ちょうどプチトマトのような大きさと格好をしていて、果肉をかじると甘みと酸味が口のなかで広がり、ヨーロッパでは古くから栽培されサラダなどに添えられて食されているのだと聞いた。袋状の殻に包まれている形は鑑賞用と同じだが、殻は枯れているのかと間違いそうなベージュ色で果肉の色は薄いオレンジ、幹の背丈は一八〇センチほどにもなるらしいから鑑賞用のそれとは見た目からして別物である。栽培した経験はもちろんないし、彼の知る限り周辺の誰かが栽培しているとの話も聞いたことはない。にもかかわらず、農協からの誘いを受けた時点で彼の腹はすでに決まっていた。大金がからむだけにさすがに即答はしなかったものの、数日後には、農協に「やる」と返事をしていた。ほおずき栽培はお手のもので、彼が手がけたそれは浅草のほおずき市にも並んでいる。何とも頼りない話だが、その経験と自信が「やる」の唯一の裏づけだった。農協から仕入れる苗の値は、一株で四万円。仕入れたのは二〇〇株だから代金は八百万円、ほかに専用のハウスも作った。必要な資金は農協系金融機関からの借り入れでまかなっている。

この頃の彼は、ひたすら仕事に打ち込んでいた。長男が生まれせいは大いにあって、もしかすると、彼の農業人生のなかでもっとも仕事に熱を入れていた時期と言っていいかもしれない。収穫した野菜の一部は『道の駅』に卸した。生産者である彼の名を付けた野菜が売れていくのを直に目にするのは嬉しかったし、二〇パーセントの手数料を差し引いても、現金収入になるのはありがたかった。農家仲間が集まれば決まって米づくり自慢が始まり、自分が作る米こそが日本一うまいと口で競い合った。リーダー格の何人かのなかにはいつだって彼の姿があった。選挙となれば自民党の応援の先頭に立つひとりだったし、消防団の分団長でもあり、地域の行事があればそれを執り行う中心メンバーのなかにも彼はいた。元を辿れば豪農、藤枝家、その跡取りである彼が地域内で一目置かれるのは当然の成り行きだった。そして、農協もまた、彼をそう見ていたふしがある。食用ほおずきのときもそう。農協は、新しい試みを農家に持ちかけるとき、最初に彼に声をかけた。「われが先頭に立って」と。そこで「よしッ」と応えてこその男気だ、みたいに捉えるのが彼なものだから、農協にしてみれば好都合だったかもしれない。けれど、農協の思惑がどうであったにせよ、地域の担い手として頼られる存在であろうとするのは彼の根っからの性分ゆえだった。

一週間後の刈り入れを控えた豊作の稲をウンカに全滅させられたり、高額なトラクターを買って大失敗もしたけれど、そうした苦い経験もぜんぶ合わせ飲み、ひとりの農業従事者としての日々の満足感にどっぷり浸かっていたのがこの頃の彼だったのだ。そこに農協から持ちかけられたのが、食用ほおずきの〝うまい話〟である。いけるかもしれない、と思った。農協の担当者の誘い文句どおりにとんとん拍子で事が進めば借金をずいぶん減らせる、と。

農協のこの誘いに乗るのは、負けの公算が大の博打も同然だったのかもしれないが、あのときは、そう考えたところで結果は同じ「やる」だったろう。いまでも、「当時の俺は」と、自分への言い訳ばかりが浮かんでくる。

食用ほおずきは〝珍しいフルーツ〟として日本でも流通し、市場ではストロベリートマトかゴールデンベリー、あるいはオレンジチェリー、フルーツホオズキなどと呼ばれ、有名どころでは秋田県産のブランド、フルーツほおずき『恋どろぼう』が知られている。ただ、それが安定して生産されるようになったのは、つい最近のこと。恋どろぼうを栽培する秋田県上小阿《かみこあ》仁《に》村も先駆けの一か所だといわれているが、この村にしたって、農家が栽培に本腰を入れるようになったのは一九九八年になってからだった。それより一〇年も前、鑑賞用ほおずき栽培の経験だけを頼りに、確かなノウハウもない環境で、彼は八百万円もの資金を投じて未知も同然の農産物に手をだしたのだ。

結果は散々だった。

栽培自体は難しくはなかった。負け惜しみと笑われるのはしゃくだが、栽培は、本当に難しくはなかった。幹の背丈は一八〇センチくらいと聞いていたが、とんでもない。専用ハウスのなかは熱帯のジャングルかと思うほど伸びた幹に覆われた。そうして成長し、収穫した食用ほおずきは美味しかった。これはうまい。売れるぞ、と確信を持った。トロピカルフルーツとはどんな果物のことを指すのかは知らないが、自分が栽培した食用ほおずきを味わった瞬間、「トロピカルフルーツ」という言葉が頭のなかでぐるぐるまわりだしたのを覚えている。

味はよかったけれど、規格どおりに作れなかった。三年は我慢しようと頑張ってはみたけれど、結局、ものにならなかった。発注主が求めたのは直径がぴったり六センチの、食用ほおずきにしてはずいぶんサイズが大きいものだった。なぜ六センチでなければいけないのか、それがどう使われるのか詳しくは詮索もしなかったが、確かなのは、苗を植えた翌年、彼のハウスで収穫された食用ほおずきは規格外で売り物にはならなかったという事実である。次こそは、と迎えた三年目の売上げはわずか一〇万円。彼のもとに残ったのは八〇〇万円の借金だった。世の中に〝うまい話〟は、そうそうない。

この時点で農協からの借り入れ金額がどれくらいまで膨らんでいたのか、正確な数字は彼自身もわかっていない。棚田の整備（基盤整備）のための補助金五〇〇万円を二〇年ローンで借りたのは義父だとはいえ、借金には違いなく、トラクターの借金だってまだずいぶん残っている。そこに食用ほおずきの失敗が重なった。農業に欠かせない農薬や肥料、農機具はいうまでもなく、農協が運営しているスーパーマーケット、Aコープで購入している食品やら日用品などの生活必需品にいたるまでおんぶにだっこ状態なのだから、農協へのツケは一〇〇〇万円や二〇〇〇万円ではきかないだろう。これが一般の家庭なら借金をめぐる夫婦喧嘩は茶飯事で「もうお米もないのよ。あんた、どうする気なの」「そんなこと知るか」と怒鳴り合ってるか、借金取りに居留守をつかいテレビも点けずひたすら沈黙を通すところだろうけれど、ところが、にっちもさっちもいかないほど家計が逼迫している実感はなかった。農協は、組合員である農家にはいつだって太っ腹で、積もり積もった借金がどれほどの額に達していようと、どうじゃ、お代官様に娘を差しだす決心はついたか、みたいなことは言わないし、露骨に返済を迫るようなヤボを言ってきたりも、まず、しない。少なくとも、この時点ではそうだったからだ。だから彼も、農協への借金がいくらあるのかなどと深刻に考え込んでしまうこともなかったのだった。

戦後の食糧難の時代、食糧がヤミ市場に流れるのを防ぎ国民に平等に配給するため、米を政府に供出させる機関として、全農家を加入させ、戦時中の統制団体（＝農業会）を改編してスタートしたのが農協（農業協同組合）である。政府が買い上げた米の代金は農協を通じて農家に支払われる仕組みで、そのため、農協には、他の協同組合には認められていない金を扱う窓口がある。米の代金は組合員の農協口座に振り込まれる仕組みだから、彼の通帳にいったんは金額が記載されるものの、ここからツケが差っ引かれていく。購入した肥料の代金、農薬の代金、毎月のガソリン代やAコープで購入の食料品をはじめ、彼が日に少なくとも二箱は吸うショートホープの分も含めた生活必需品いっさいの代金、もちろん借入金の返済分も引かれ、結果、彼の農協口座に残高はない。彼と農協の間でやりとりする金の流れは、たとえは悪いが「借りては返す終りのないローン地獄」のようなものだったかもしれない。ただ、それと決定的に違っていたのは——土地と家という資産ゆえかもしれないが——いくらでもツケはきいて、それでいてあこぎな取り立てはないという点だった。はたから見ればなんとも不思議な、当事者である農家にとってはありがたいこうした状況が一変し、農業を捨てて東京にでていくしかないと決断するのはもう少し先、二〇〇一年に小泉政権が発足してからの話になる。

現金は手許に残らないが、それでもちゃんと生活が成り立っていくのは、農協組合員であればこそだった。そして、この生活を維持していく唯一の方法を彼はよく知っていた。農協の言葉には従うことだ。逆らわないことだ。負けの公算が大の博打かもしれないと本心では怯えても、農協の誘いに「嫌だ」とさえ言わなければ生活が維持できる。それが事実かどうかはともかく、少なくとも、当時の彼はそう思い込んでいたのだ。

「組合は、その行う事業によってその組合員および会員のために最大の奉仕をすることを目的とし、営利を目的としてその事業を行ってはならない」（農協法第八条）

農協は総力をあげて組合員の生活を支援してくれるのである。日々の暮らしになくてはならないスーパーマーケット（Ａコープ）やガソリンスタンドの運営を筆頭にして、トラクターのような大型農機具はもとより、乗用車も買えるし、損害保険も生命保険だって取り扱っている。組合員であれば何を買うにもキャッシュレス。冠婚葬祭もＯＫで、ほとんど〝ゆりかごから墓場まで〟なのである。農協口座の残高がどんなに寂しくても日常生活に支障をきたすことはなかった。

藤枝のばか息子

一九八三年四月某日

芝大門の、通称〈軍艦ビル〉（＝芝パークビル）の正面玄関を先頭にした空車のタクシーの列が長く延びて第一京浜の大門交差点を通越し、貿易センタービルのすぐ近くまで続いている。どんな仕事をしている人たちの職場なのか想像したこともないが、深夜でも軍艦ビルからはタクシーで帰宅する人たちがでてくるし、低くない確率で〝当たり〟を引くこともある。大門の交差点で乗る客もいるものだから、長い空車の行列は、時間帯と列の長さから想像するよりはるかに早く、確実に前に進んでいく。金曜日の深夜三時（＝土曜日の午前三時）になる少し前、空車の列のずいぶん後方にいた彼は、聴いていたカーラジオを文化放送に合わせた。いつもならＮＨＫの『ラジオ深夜便』を選ぶ時間だけれど、金曜の深夜だけは文化放送と決めている。

ＪＲ浜松町駅前の、広い通りを挟んで貿易センタービルの向かい側に文化放送はあり、深夜三時からの生放送『走れ歌謡曲』は、そこに七つのスタジオ設備を擁するフロアのｓｔｕｄｉｏ３が使われている。月曜日から金曜日までの毎深夜、五人の女性が日替わりでパーソナリティを務めるこの番組の金曜日を担当しているのが、彼のお気に入り、小林奈々絵さんなのだ（二〇一九年九月降板）。金曜の夜なのに水揚げが伸びず、頼みの銀座でも空振りで、胸の奥から湧いてきた焦りに彼の気持ちが占領された日、たまたま聴いた小林奈々絵さんの声で落ち着いた。以来、金曜の深夜は彼女の番組と決めている。

ｓｔｕｄｉｏ３があるフロアの端の窓際に立つと、軍艦ビルに向かって、亀の歩みよりずっと速く前に移動していく空車の行列が眼下に見える。その長い列のなかにいる彼は、大ファンの〝奈々絵ちゃん〟が、直線距離にしたら三百メートル足らずの位置にいることを知らない。農閑期になると現金収入を得るために『峰田交通』でタクシー運転手のアルバイトをしてわずかな金を稼いだ時期もあったけれど、まさか、それから一五年後に東京でタクシー運転手をすることになるなんて、文化放送の番組を聴きながら深夜の東京を流すことになるなんて、思いもよらない成り行きだった。

銀座で乗せた二人の客の行き先が町田経由の鎌倉までで料金は二万七〇〇〇円もでたとか、自分が育てた米の味こそは日本一だとか小林奈々絵ちゃんの声がかわいいだとか、彼にとって〝いい話〟をするとき、決まって「好々爺」という言葉はこのときの彼のためにあると思えるくらいの破顔を見せる。逆もある。選挙で民主党の候補者に投票したのが知られて村八分にされたことがあるとか、藤枝のばか息子と陰口を叩かれたとか交通違反で捕まってしまったとか、後ろ向きな話題になると、とたんに眉間にしわを寄せ、顔を強張らせる。麻雀やポーカーゲームだったらカモにされるのは請け合いで、子ども相手のばば抜きでも勝てそうもない、そのときどきの心情がそのまま正直に顔に表れる彼なのである。そんな彼が、これ以上はないというくらいのしかめっ面で「最大の失敗」と口にするのは、食用ほおずきの誤算よりもずっと前の出来事、結婚から二年後、一九八三年四月に購入したトラクターの顚末だった。

コマツの最新型のトラクターは、運転室にテレビ、エアコンは当たり前のフル装備で、流行の水平器がついている高級機、コンピュータ制御によって棚田の土を水平に起こし、水田の水が均等にいきわたるようにしてくれる優れものである。販売会社が、峰田農協管内の農家を対象にデモンストレーションのために持ち込んだのだ。価格は、メルセデス・ベンツ、Sクラスなみの一二〇〇万円と聞いて一瞬はひるんだけれど、それでも彼は、このトラクターを買うことにした。頭にあったのは〝現金収入〟だった。田植えの時期を前にして、どこの農家も田の土を起こす。最新型のこのトラクターがあれば、手がかかるその作業を代行できると考えた。一反で七〇〇〇円は取れるとして、一町で七万円。農家五軒分も耕せば、田植え前の時期だけで三〇万円を超える現金が入るだろうとの皮算用が働いたのだ。トラクターの金額が金額だけにまわりの人たちは皮算用に不安を覚えていたが、彼は「大丈夫だ」と一蹴している。そうは言っても世の夫の「大丈夫」が大丈夫だったためしはなく、ましてや〝夫〟の〝皮算用〟なのだから妻の不安は二倍に膨らむ。宝くじには当たらなくても、この手の不安はよく当たるのが通り相場で、案の定、皮算用は外れ、毎月一三万円の支払いが重くのしかかってきた。それでなくとも三代前からの農協への借金の残り二五〇万円を背負っている彼だ。トラクターは手放すしかなかった。六八〇万円で売り払い、彼のもとには、でかい借金と、嬉しくない陰口、「藤枝のばか息子」だけが残ったのだった。

彼は、見栄っ張りな人物ではないけれど、彼の会話のなかに「見栄」という言葉が自然に混じるときがある。本人がそれに気づいているか疑わしいが、彼の価値観が、歌舞伎役者が切る見栄にも似たそれをぞんざいにしていないのだけは間違いない。地域の担い手として頼られる存在であろうとするのも農協の誘いに先頭を切って応じるのも、根っこを辿ってみればそこに行き着くのかもしれない。藤枝家の跡取りとしての強い自負も、それと無縁ではないのかもしれない。そして、藤枝の跡取りだから、と、その思いの強さと等しいだけの農協への借金だった。ひとりの農業従事者としては一流でも、農業経営体の経営者としては二流ゆえの農協への借金だった。借金が膨らんでいく。いまならさしずめ「古民家」と呼ばれてもてはやされたであろう古風な造りの自宅を取り壊し、高級なモデルハウスばりに建て直したのは彼が四三歳のときである。空中写真で見る新築のそれは、「黒」と言ってもいいくらい濃い緑の人工林のなかにぽつんと現れる赤い屋根と白い壁の豪邸を思わせるもので、建築を請け負った住宅会社の営業担当者が「モデル住宅としてパンフレットに載せたい」と訪ねてきたのは後々まで彼の鼻を高くさせている。どうだとばかり、藤枝の跡取りらしく胸を張り、ご先祖様にも見栄を切った。建て直しにかかった費用は三五〇〇万円。金のでどころは「借り入れ」だった。

農協の組合員であれば一文なしでも生活はできる。家だって建てられる。少なくとも彼の場合はそうだった。けれど、やはり現金が必要になることはあった。たまには旅行でもしたいと思えばそれもNツアー（農協観光）まかせで済むけれど、旅先での買い物はそうはいかない。地元にいても、別府で外食するにしたって、実際に入ったことはないけれど、喫茶店でコーヒーを飲むにしたって現金が必要だし、なにより、まだ幼い長男と長女の、数年後には必要になる教育費を蓄えておきたかった。そのためには、農協の口座を通さない収入を得ないといけない。隠し田で作った米を自主流通米として別府の温泉旅館に売ったのも、道の駅に野菜を降ろしたのも、最新型のトラクターで皮算用したのも、そのどれもが現金収入を得ようとしての策だったのだ。

現金を手にするために、峰田交通でタクシー運転手をしたことがある。農閑期の、畑仕事がまったくない日に限っての乗務だった。しかも、乗降客が少ないＪＲ日豊線の駅での付け待ち仕事だから一か月の水揚げは知れたもので、手にする歩合給は月に三万円ほどにしかなっていない。大手バス会社で、もっぱら九州観光を担当する観光バスの運転手をした時期もある。

長距離トラックの運転手は、割がいいのか悪いのか自分では判断がつかなかったが、少しばかりまとまった金になる仕事ではあった。大分から東京までの長距離便の運転手で、行って戻っての一行程で一週間ほどかかる仕事である。大分で荷を積み、途中、広島で荷の一部を降ろし、そこで新たに別の荷を積む。次は大阪、それから名古屋、最後が東京。この仕事を一四万円で請け負う。燃料代も往復の高速代も食事代も、すべて含めての一四万円。これら一連の経費を差し引いた残りが彼の取り分となるわけである。食事代を安く済ませるのはもちろんで、インターチェンジ間を繋いでいる一般道路のバイパスがあればそこを走り、高速代を少しでも浮かせる工夫をしている。一行程で五〜六万、うまくすれば七万円近くが残った。こうしたアルバイトのほかに、自主流通米として売った米、道の駅に卸した野菜の代金を含めると、多いときには現金収入が一年で二〇〇万円を超えることもあった。

無音のゴング

二〇〇一年四月二六日

ウッ、と唸った自分の声で目が覚めた。それからすぐに背中と腰がびりびり痺れるような、それでいて鉛の塊でも突っ込まれたような不快感が襲ってきた。とてつもない痛みだった。息が止まった。深夜二時、起き上がることができず、寝返りも無理。いったいどうしちゃったんだ、と、不安を覚えながら、それまで経験したことがない激痛に声もだせず、顔をしかめたまま朝を待った。そのうち楽になるだろう、と。

若い時分にぎっくり腰をやってしまい、ひどい目にあったことがある。「どれほど重症だって、ぎっくり腰では骨は折れない」。まわりの誰もがそう言ったけれど、自分のぎっくり腰だけは例外だと思った。この尋常でない症状なら折れてしまってもおかしくない。左手で腰を押さえ、情けない姿で壁づたいに歩きだしたとたん腰からがくんと崩れ、あまりの激痛で無意識のうちに息を止めていた。未来永劫この苦しみは治まらないかもしれないと悲愴感いっぱいになりながら、なぜか自分でも泣き笑いが込み上げてきてしまうぎっくり腰。深夜二時に目が覚めた背中と腰の強烈な痛みは、外傷によるそれとはまた違う感覚の〝病的なもの〟を感じさせた。膝を抱えるようにして身体を丸めると、痛みは少しだけ和らいだ。布団のなかでその格好のまま夜明けを待ち、しかし、それでも起き上がることができず、昼をやり過ごし、夕方になろうとしていた。明け方から点けっぱなしのＮＨＫが、甲子園球場で開かれている全国高校野球選手権大会を中継している。三日前の第二試合に登場した大分県代表の柳ケ浦高校は宇佐市にあるものだから応援に力が入ったけれど、日大山形に四対一で敗れ一回戦で早々に姿を消している。テレビは西日本短大付属（福岡県）と佐世保実業（長崎県）の九州勢がともに勝った二回戦の、第三試合、星稜高校と明徳義塾の対戦を振り返り、注目の松井選手が五打席連続で敬遠されたシーンを映していた。ぎっくり腰をやってからこっち、腰痛は持病のようなものと決め込んで医者に診てもらったことはない。二〇歳のとき、納屋で作業をしていて梯子段から滑り落ち、尾てい骨を嫌というほど打って動けなくなっても医者には行かなかった。ソーラーパネルを修理中に屋根から落ち、背中と腰をしたたか打ちつけて気を失ったときはさすがに救急車で運ばれたが、それだって、早々に病院を抜けだして自宅に戻っている。たかが腰痛で医者の世話になるなんて冗談じゃない。そう思ってきたけれど、こんどばかりは病院に行かなければだめかもしれない。画面に映った五打席連続敬遠の場面を黙って見つめながら、大分市内にあるいくつかの総合病院を次々に頭に浮かべていた。

大分大学医学部附属病院で検査をした結果、下った診断は脊柱管狭窄症《せきちゆうかんきようさくしよう》。初めて耳にする病名だった。〝背中を丸めるようにしなければ立っても座ってもいられない痛み〟と〝聞いたこともない病名〟。ふたつのお題から連想するのは〝厄介な病気〟で、それがどれほど厄介なのかと考えようとするだけで不安になった。そのときどきの心情をわかりやすく示す彼の表情がみるみるうちに曇っていく。それを見て取った担当医は「脊髄が通っている脊柱管の一部が狭くなって神経を圧迫してしまう病気です。神経が刺激されているわけですから痛い」と説明し、彼の表情をますます曇らせる。

「残念ながらかなりの重症です。想像していたよりはるかに重症です」

深刻そうな顔を向け「重症」という言葉を二度使った。深刻な顔で「重症」と告げるのはやめてもらいたいものだと思った。何度も繰り返した腰と背中へのダメージを放置したツケがまわってきたという趣旨を丁寧に話し続けた医者は「さぞや痛いでしょう」と言った後、ようやく結論めいた言葉を口にする。

「すぐにでも手術する必要がある。大手術になります」

一般的な脊柱管狭窄症とは状況がまったく違うのだというようなことを医者は話し、背骨がひどく変形してしまっているから「悪化している部分を切除しないことには症状は改善しない」のだと言う。医者の言葉はそこで終わらず、「症状は改善するにしても完治は難しい」と付け加えている。

聞いた瞬間、えッ、と声がでたが、後が続かない。喉まででかかった「手術しても治らないってどういうことだ」と言うべき言葉も、「もとのように仕事ができるようになるのはいつなのか」と尋ねるべき言葉も声にはならなかった。自らの農業人生をあらためて検証してみたことなどないけれど、この一一年間に何度かの大きな失敗はあったにしても、上出来な仕事をしてきたつもりだ。米を作るにしても野菜にしても、その出来栄えは誰にも負けないし、地域のリーダーのひとりとして地元の農業振興の一端を担ってきたとの自負もある。農協との関係だって悪くない。好きな農業を好きなようにやれると勇んだかつての思いは、それなりに実現できている満足感もある。歯車はそこそこうまくまわってきた。けれど、これから先は、もしかすると、いままでのような調子ではいかないかもしれない。これまで考えるのを避けてきた将来の不安を予感した瞬間だった。

アルマジロみたいな格好をさせられた彼の背中を大きく開くところから始まった手術は六時間で終わっているが、大手術には違いなかった。実際にはどうなのか話は別だけれど、現代の医療は、悪化した脊柱管狭窄症であっても短時間の手術で容易に治すイメージがある。重症でなければ投薬による保存療法という選択肢だってある。けれど、彼の場合はまるで違っていた。

作りすぎたキャベツの価格が暴落し、出荷されないまま廃棄処分になっていると点けたテレビがその様子を映していた。峰田からはるか遠くの、ただのいちども行ったことがない長野県での出来事ではあるけれど、それでも、彼は顔をしかめ、自分の身に起こった災難のように、う〜ん、と唸って画面を見つめた。彼にも経験がある。峰田では、遅くとも四月のなかごろまでには稲の苗を植えつけるのだけれど、ときには病気が原因で、あるいは、何かの拍子で除草剤が水に溶け込んだのが原因で、苗が枯れてしまうことがあった。せっかく植えた苗だけれど、そうなるとトラクターですき込むしかない。似たような経験をした者どうし、廃棄処分する生産者の気持ちがテレビ画面から痛いほど伝わってきた。キャベツに限らず、野菜を出荷するには、まずは泥を洗い落とさなければならず、それから箱詰め、農協に供出する前のこの段階ですでに金がかかっている。そのうえ、価格がどれほど暴落していようとも農協での手数料二五パーセントは変わらないから、だったら、いっそのこと出荷しないで廃棄処分にした方がマシ、となる。出荷して大赤字になるくらいなら、同じ赤字でも、土に返して畑の肥料にした方がよっぽどいい。だからトラクターですき込んで土に返す。

なにしろ自然相手だから、農業はそこが難しい。いいときもあれば、悪いときもある。義父の代まで、扱う作物といえば米とキノコ類だけだった。野菜も花卉もほおずきも、農協の担当者に勧められるまま手をかけるようになったのは彼の代になってからのことなのである。きゅうりではいい思いをさせてもらった。一本一五円で売れた。手数料の二五パーセントを差し引いて、それでも一五円だから、とにかく儲かった。棚田の基盤整備のために義父がこしらえた借金が目に見えて減っていったほどだった。

しかし、大儲けできたのは、後にも先にもそれ一回きりでしかない。きゅうりの栽培を除けば、何をやっても「大成功」と胸を張れるものはなく、食用ほおずきでの大失敗ほどではないにしても、野菜作りでは大なり小なり赤字をだし、借金は増えるばかりで減ることはなかった。それでも農協は相変わらずの太っ腹ぶりで、はたから見ればなんとも不思議な〝農協と農協組員の関係〟を崩さない。ところが、ある日を境に潮目が変わる。その変わりようときたら、ドラフト一位指名でもてはやされて入団したピッチャーが、鳴かず飛ばずの三年後、非情にも戦力外通告を受けたくらい劇的だった。後になって思えば、潮目が変わったのは小泉純一郎が総理大臣になってから先のことだと思い当たるのだけれど、当時の彼は、はじめのうちは農協の対応に違和感を覚える程度だった。

小菊の需要が伸びているようだと噂には聞いていたが、だからといってにわか仕込みで手をだしたところで、出荷できるのは早くても一年か二年先。それまで市場での人気が続いている保証などないのは百も承知している。そんな彼に「われも、小菊、やらんか」と農協の担当者が話を持ちかけてきた。と、ここまでならいつもの農協なのだけれど、このときは、話はそこで終わっていない。市場での小菊人気をひとくさり語った担当者は、「これで当てれば儲かる」「当てれば借金もずいぶん返済できる」と続け、「小菊の栽培をするか、それとも返済金を入れるか」みたいな調子で栽培を迫ったのだった。最後の文句は、これまでにただのいちどとして聞いたことがない強引とも思える言葉だった。担当者が、本当に強い調子で迫ったのかどうか、それを知る手だてはないけれど、話をもちかけられた当の彼は、そう受けとめてしまっていた。ボクシングのようにゴングがカーンッとでも鳴ればわかりやすいが、農協は鳴らさない。鳴らさないからわからなかったけれど、小菊の一件は、実は、なんとも不思議な農協と農協組合員の関係の解消を知らせる無音のゴングだったようだ。そうとは知らず、ただ違和感を覚えただけの彼は、その強引を、新任の課長が張り切っているのだろう、くらいにしか考えず、例のごとく言われるがまま小菊の苗を仕入れている。一株の値は二万円、それを三〇株である。

バブル崩壊後の不良債権問題がいつまでも尾を引いていた時代だった。低迷を続ける日本経済を立ち直らせようと「聖域なき構造改革」を掲げた小泉政権が誕生するのは二〇〇一年（平成一三年）四月二六日。その翌年の一〇月、経済財政政策担当大臣で金融担当大臣を兼務する竹中平蔵は「金融再生プログラム」を打ちだし、金融システムの安定化と不良債権問題の解決を加速していく。根拠のないまったくの推論でしかないけれど、農協が無音のゴングを鳴らしたのは、もしかすると、このことと無縁ではないのかもしれない、と、いまになって彼は思う。小泉内閣が誕生する六年前（一九九五年）、農協は住専問題でミソをつけ、世間から大バッシングを受けていた。住宅金融専門会社（住専）が抱えた回収不能債権は七兆五〇〇〇億円もあったというが、その途方もない額の不良債権を抱える住専への最大貸し手が農林系金融機関（農林中央金庫、各県の信用農業協同組合連合会、全国共済農業共同組合連合会）なのだとニュースで知って仰天した覚えがある。農協と住専にどんなつながりがあるのか新聞を読んでも理解できなかったけれど、農協は彼の想像を絶するほどの大金持ちらしいとわかったからだった。不良債権処理で農林系金融機関に最終的に割り当てられたのは一兆一〇〇〇億円。しかし、農林系金融機関は「だせるのは五三〇〇億円が限度」だと突っぱね、結局、残りを穴埋めしたのは国民の税金だった。このとき投入された公的資金は六八〇〇億円。なんでだよ、と世論が反発したのは当然で、その矛先は農協に向いたのだった。何事もなかったかのようにしていても、農協には、たぶん、あのときの疵《きず》が深く残っている。そこに降って湧いた、不良債権の解決を急ぐ金融再生プログラムだった。すると、風が吹けば桶屋が儲かる、のである。ときの総理大臣が永田町で「聖域なき構造改革」と叫べば、めぐりめぐって、はるか豊後水道の向こうの農村で無音のゴングが鳴るのである。確証などないけれど、農協が潮目を劇的に変えたわけを、彼はいま、そう理解している。

彼が抱える農協や農協系金融機関への借金は、これから先、何十年かかろうとも、とうてい返済できっこない額にまで膨れ上がっていた。藤枝家の跡取りとしての見栄を保ち、あるいは、地域で頼られる存在であろうとして、男気とやらを見せた挙げ句の借金だった。農業従事者としては一流でも、農業経営体の経営者としては二流ゆえの借金だった。そこには、農協の太っ腹ぶりにだって責任の一端がありそうだと第三者の目には映るが、その所在がどこにあろうと、現実問題として、峰田農協にとって彼は紛れもなく不良債権そのものだった。一転して債権回収に舵を切った（らしい）農協は、小菊の一件から後も市場での人気が高い野菜やら花卉の栽培を持ちかけている。その誘いの言葉の裏側に「借金取り立て」と書いてあるのを、彼は、彼なりにちゃんと理解していたけれど、しかし、もう、応えるのは無理だった。脊柱管狭窄症の大手術を受けたものの、数年後には腰のひどい痛みが何度もぶり返し、そのたびに入退院を繰り返す日々が続いた。入院生活から完全に解放されたのは最初の手術の日から七年も後のことで、そのとき彼は、すでに五〇歳になっていた。さすがに病院の世話にならずとも日常生活は送れているけれど、昔のように元気いっぱいに農業をできる身体ではなくなっている。一六七センチあった身長は、こぶとり爺さんのように腰が曲がってしまったせいも大いにあるが、手術で骨の一部を削ったこともあって一五四センチに縮んでいた。手術を前にして「症状は改善するにしても完治は難しい」と医者は言っていたけれど、悪い予想はたいてい当たると決まっていて、残念ながら結果はそのとおりになっている。腰痛が、腰の曲がった五〇歳の彼にいつもつきまとう。長い距離を歩けば腰が痛み、それどころか腰を真っ直ぐ伸ばして姿勢を正すことさえままならない。重いものを持つなんてとうてい無理な注文で、農作業などできようはずがなかった。

白紙の答案

二〇〇七年一二月五日

結露で曇った窓ガラスの真ん中を三本の指でキュッキュッとなぞった跡が弧を描き、そのわずかな覗き穴がガラスの向こうの景色を映しだす。まだカーテンのない窓が明るく映っていたのは、道路を挟んで反対側の、省東自動車の車庫を照らす蛍光灯が乳白色の空間を広げているせいだった。屋根付きのガレージには、勤務を終えて帰庫した中央無線カラーの営業車が四〜五台止まっている。入り口のすぐ横にある洗車機では黒塗りの営業車が右側後ろのドアを開け、運転手がフロアマットを引っ張りだしていた。ためしに、濃紺の制服を着た自分の姿をそこに置いてみる。ふ〜ッ、と、長い溜め息のあと「まいったなぁ」と思いが声になってでた。農閑期ではあるけれど、それでも、つい何日か前まで山に囲まれた峰田の畑で土にまみれていたのだ。農作業をしている自分の姿は浮かんでも、タクシー運転手の自分がどうしてもでてこない。いや、本当はそうじゃない。きのうのタクシーセンターでの一件と、帰りの電車内での取り返しのつかない失敗がこたえているんだ。こんな調子で本当にタクシー運転手として働けるようになるのだろうか。富士山のてっぺんから御来光を拝みたいと願ったところで痛みを抱える曲がった腰で富士登山なんて無理な相談だが、もしかすると、そっちの方が地理試験に合格するよりは現実味がありそうな気さえする。枕もとに置いた『地理試験問題例集』に目をやって、また溜め息をつき、考えたくもない今日からの生活を考えると、またまた、ふ〜ッ、と溜め息をつき、気づくと、また「まいったなぁ」と声にだしていた。

目覚まし時計が午前五時を指している。二日前、上板橋駅前のイトーヨーカドーで布団一式を買ったついでに見つけた、小さくて丸い格好をした安物の目覚まし時計である。こんなことになるなら、あのとき、色と柄なんかに迷ってないでカーテンも毛布も買っておけばよかった。一〇万円をポケットに入れていたのに、テレビは後回しでいいなんて考えたのがいけなかった。「型落ちですから」と作り笑顔の店員が言った四万三〇〇〇円のシャープの三二インチ型は惜しいことをしたといまさらながら思う。それよりなにより、いちばんの後悔は二万二三〇〇円の石油ファンヒーターを、ためらったあげく買わずに帰ってきてしまったことだ。事務所で借りた石油ストーブは二時間前から反射板を真っ赤に染めている。しばらくはこいつの世話になるしかないだろう。寒さで目が覚めて、部屋の灯を点けたのが午前三時。ゆうべ、寝る前に事務所のテレビで見た天気予報が、明日の最低気温は四度と伝え「一二月に入ってからいちばんの冷え込みとなるでしょう」と言っていたのを思いだし、ストーブに火を入れ、買いそびれた石油ファンヒーターをつくづく悔やむのだった。東京について四日目の朝のことである。

藤枝の跡取りとして二五年の農業人生は、それなりに満足できるものだったけれど、その間、散々な目にあうことも、それこそ散々あった。そこから逃げだし、心機一転のつもりで飛び込んだタクシー業界である。けれど、タクシー運転手としての一歩をまだ踏みだしてもいないのに、東京に来てたった三日しか経ってないというのに、もう散々な目にあってしまうなんて、陳腐な筋書きのドラマみたいで、まるで現実的じゃないと思う。きのうは散々な一日だった。

省東自動車のある板橋区が東京の北の外れなら、東京タクシーセンター[*3]の所在地、江東区南砂は東京の西の外れである。直近の東武東上線、上板橋駅からそこに行くには、どのルートを使うにしても、まず池袋駅にでないといけない。

「お前、子どもじゃないんだぞ」と言いながら、法師部長は真っ白いコピー用紙に南砂町駅までのルートを書き込んでくれた。池袋からJR山手線で二つ目の駅、高田馬場で東京メトロ・東西線に乗り換える。これなら乗り継ぎが簡単だし、一時間半もみておけば東京タクシーセンターに着くはずだと部長は言い、あからさまな不安顔を見てとったのか、もういちど「子どもじゃないんだぞ」と言ったのだった。このとき部長には黙っていたけれど、実は、大分にいた頃から電車に乗った経験がほとんどない。確かな記憶があるのは運転免許証の更新手続きのために大分駅まで乗った一回きりで、あとは覚えていない。だから、地下鉄に乗るのはもちろん初めてだった。「子どもじゃないんだぞ」と言いたいあっちの気持ちはわかるけど、こっちだって「子どもみたいなものなんだよ」と本当は言いたかった。道順を書いてもらった紙を池袋駅で開いて確認し、山手線のホームでまた確認し、高田馬場駅では三度も四度も確認して、やっと乗り込んだ西船橋行きの地下鉄・東西線である。通勤ラッシュにかち合った電車内では黒い合皮のバッグを持った右手が何度も行方不明になって探しだすのに苦労したが、予定どおり八時過ぎには南砂町駅に辿り着いている。けれど、順調は、ここまでだった。

目指す東京タクシーセンターは、「小さな公園を挟んで駅の出口とは反対側にある」と会社の先輩運転手から聞いている。そっちに向かって歩く同業者らしい制服姿の数人の後に続き、入ってすぐ右側に小さな食堂がある建物の二階が地理試験の会場となる研修所だった。とまどいながらも「地理試験受験申請書」の書き込みを済ませ、受験料二八〇〇円を払って受験票をもらったまではよかったが、指示された研修所の教室に入ったところで、えッ?! となった。試験の開始時間は九時のはずだが、教室は、もう半分以上の席が埋まっていた。そのほとんどがタクシー運転手の制服着用で、私服姿で試験会場にいるのは、自分を別にして三〜四人だけしかいない。たったそれだけの光景を目にしたところで、みんなと違う、と心細くなった。無駄口を叩いている人もスポーツ新聞を開いている人もいない。誰もが「地理試験問題例集」とかいう本を開き、試験前の最後の復習をしているようなのだ。胸がざわつきだす。自分も何かしなければと焦りが湧いてきて、落ち着きを失った。けれど、読むべき資料などなにもなく、ここに持ってきたのは会社で借りた筆記用具だけだった。大分では、二種免許を持ってさえいればすぐにタクシー運転手として働くことができたけれど、東京はそうではないと法師部長からは聞かされていた。二種免許とは別に、東京タクシーセンターが発行する乗務員証が必要で、それを手にするには地理試験に合格しなければならないのだという。「だから地理試験を受けてこい」「落ちたら次回の予約を取ってこい」と、ただそれだけ言われてやってきた東京タクシーセンターだったのだ。

東京でタクシー運転手になるには、二種免許のほかに、東京タクシーセンターが実施する地理試験に合格し「地理試験合格証」を手にする必要がある。タクシーの助手席の前にかざしてある乗務員証は、地理試験に合格し乗務員登録を済ませた証なのだ。そして、そこに至るには、大きく分けてふたつの方法がある。一般的なのは、まずタクシー会社に就職し、タクシー未経験者であれば、タクシー業界でいうところの、いわゆる「養成」として二種免許取得から地理試験合格までのいっさいの面倒をみてもらう方法。二種免許を持っている彼のように東京以外でタクシー運転手の経験があるのであれば、地理試験からの面倒をみてもらうことになる。どの会社に入ったとしても、タクシー運転手として営業にでる日まで、たいていは、たとえば一万円とかの日当が保証されていて、彼の場合もそうだった。そしてもうひとつは、二種免許を持っている人のうちのごく少数の人が選ぶ方法。個人的に東京タクシーセンターに出向いて地理試験を受け地理試験合格証を持った状態で雇ってくれるタクシー会社を探すのである。タクシーセンターでは、前者を「研修生」、後者を「一般」と区分している。研修生は、同じ会社に所属する何人かがまとまって、しかも制服姿できているからひと目でそれとわかる。対して、一般の受験者は、どこの会社にも所属していない人たちだから制服は着用していない。彼が試験会場となる部屋に入ったときにいた私服姿の三〜四人がそれである。

彼が地理試験を受けた年の受験者は一万五六八三人いたのだが、そのうちの一万四五七〇人は研修生で、その合格率は、研修生が四二・九パーセント、一般は五二・一パーセントだった。難関の地理試験。公益財団法人東京タクシーセンターの「地理試験のご案内」は、試験内容について次のように書く。

「東京特定指定地域（東京都特別区、武蔵野市および三鷹市）内の道路および地名、著名な建造物、公園、名所および旧跡ならびに鉄道の駅の所在。その他当該特定指定地域に係わるタクシー事業の業務に必要な地理に関する事項」

出題されるのは全部で四〇問。そのうちの八割、三二問に正解すれば合格となるが、彼にはただの一問も答えがわからなかった。

地理試験問題例集に収められた過去問題には、最短経路問題のひとつとして、たとえば次の問いが掲載されている。

次の『乗車地』から『降車地』までの、最短経路で経由する交差点名を下記解答群のなかから順番に選び、その記号を回答欄に記入しなさい。
乗車地（御茶ノ水駅・聖橋口）↓（1）↓（2）↓（3）↓向丘一丁目↓（4）↓（5）↓降車地（都立駒込病院）

解答群（交差点名）
ア、本郷三丁目　イ、巣鴨一丁目　ウ、駒本小学校前　エ、壱岐坂上
オ、向丘二丁目　カ、白山下　キ、東大赤門前

当てずっぽうでも答を書き込みさえすればご愛嬌で五点や一〇点は取れたかもしれないのに、妙に生真面目なところがある彼は、それすらしないで、ばか正直に何も書かずに初めての地理試験を終えている。

「白紙でだした人間が次回の予約を取るとはどういうことだ」

センター長と名乗る男は、右の頰をよく見ると「俺は怒っているんだぞ」と書いてありそうな怒りの形相で、そう言った。

国会議事堂がどこにあるのか知らず、東京タワーがどこにあるのかもわからずに受けた地理試験は、当たり前だが不合格だった。会社で指示されてきたとおり次回の予約の列に並び、順

番を待ちながら、何べん受けたところで合格するわけがないと考えていた。館内放送で名前を呼ばれセンターの事務所に入ったのは、手続きを済ませてから五分ほどしてからのことである。

「白紙でだしたというのはキミか」

顔を合わせるなりセンター長が発した最初のひと言が怒りだす前ふりだとわかって、気持ちだけはさっさと部屋の外に逃げだしていたけれど、身体はその場に立ち尽くし、「はい」と、消え入りそうな声を返していた。

「どういうことだ、これは」

センター長は、右手に持った白紙の答案用紙を彼の顔の正面に突きだすようにして示し、「これはどういうことなんだ」と強い口調で同じ言葉を繰り返した。

「答えがぜんぜんわからなくて……」

「一問もわからないで白紙で答案用紙をだした人間が、次の予約を取るとはどういうことだと聞いているんだ。次回の試験では答えられるとでも言うのか」

「キミが予約を取るということは、ほかの誰かが予約を取れずに試験を受けられないということなんだよ。それをわかっているのか」

センター長の話はいちいちもっともで、返す言葉などあるわけもなく、ただ「すみませんでした」を繰り返すしかなかった。

「キミの会社には私から電話をしておくから、地理試験の勉強をして、受かる自信をつけてから出直してきなさい」

部屋に戻るなり床にぺたんと座り込み、ふ〜ッ、と溜め息をついたところで、「まいったなァ」と声にだし、胸のうちでは、なんで東京にでてきちゃったんだろう、と弱気がでた。散々な一日だった。

働いても働いても農協への借金は増えていく一方で、小泉政権の誕生を境にしてこっち、農協からの無言の「借金返せ」は露骨になっていた。農業を続けようにも身体がいうことをきいてくれないし、どうあがいたところで、もう無理だった。だから農業を捨てたのだ。考え抜いた末に決断した、借金清算のための自己破産だった。香織に責任がおよばぬよう、離婚までして東京でやり直そうと決めたのだ。そうするために、逃げだすための現金を少しずつ貯めたのだ。東京にでてくるしかなかったのだ。けれど、やっぱり「なんで東京に」と弱気がでる。

地理試験に打ちのめされても、昼どきになれば腹はへる。センター長の説教から解放され、しょぼくれた足どりで向かった先は一階の食堂だった。カレーライスを食べた。釣り銭を無造作にズボンの右ポケットに突っ込むとジャラジャラした感覚が伝わり、ぜんぶいっぺんに握った右手を広げると小銭で九三〇円あった。帰りの電車賃はこれで足りると思った。それから公園でショートホープを一服し、高田馬場までのキップを買って地下鉄に乗り込んだときまでは確かに右手に黒い合皮のバッグを握っていた記憶がある。けれど、いくら思いだそうとしても、その先がわからない。網棚にバッグを載せた気がするし、載せなかった気もする。あれは地下鉄の車内だったのか、それとも山手線に乗り換えてからだったろうか。

バッグがないと気づいたのは成増行きの東武東上線の車内でだった。始発駅の池袋から各駅停車で六つ目が、省東自動車のある上板橋駅。中板橋駅で停まった電車がなかなか発車しないのは、この駅で急行通過待ちをするからだった。各停しか停まらない小さな駅なのに、プラットホームがふたつあるのはそのためらしい。池袋をでると高層ビルの姿が少しずつ遠ざかり、駅を三つも過ぎた頃には、その種の建物はもう姿を消していた。中板橋駅に着いた電車が速度を完全に落としたとき、踏切のすぐ向こうに商店街があるとわかった。線路を挟んだ反対街にもコーヒーショップや商店が並ぶ。都心から一〇分ほど離れただけなのに、ここはもう都会の喧騒とは縁の薄い住宅街だった。停車時間は三分と車内放送が流れ、この駅を発車したら次ときわ台、その次が上板橋駅だと、降りる心づもりでいつものように腰に手を当てたときである。はッ、となった。持っているはずの黒いバッグがない。そうと気づいた瞬間、まさにその瞬間、こめかみのあたりから、首、背中、膝の順で、痺れるような寒気がざわざわと走った。血の気が引く思いとは、たぶんこのことだろう。座ったシートの後ろに手をまわしたが何もなく、慌てて立ち上がって確認したけれど、シートにも網棚にもバッグはなかった。車窓からの景色のことなど、一瞬のうちにどこかに飛んでいった。

なくした?

胸が締めつけられるように息苦しくなった。いつも右手に持っていたのだから落とすはずはない。いつだって肌身離さず持っていたのに、と、立ちあがっても座り込んでも落ち着かない心と身体をどうしていいかわからないまま、電車内での記憶を辿ってみる。南砂町駅から乗った中野行きの東西線はがら空きで、座った場所はドアのすぐ横だった。たぶん、そのとき、バッグは膝の上に置いていたはずだ。でも、それは確かなのか、と問い詰められたら自信はない。高田馬場から乗った山手線の車内は混雑していて、車両のなかほどに立って吊り革を握った。もしかすると、あのとき網棚に載せたのか。しかし、後生大事にしているバッグを自分の手から離すだろうか。そんなことをするはずがない。そうは思うのだけれど、状況からして、電車のなかでの出来事であるのだけは、どうやら間違いなさそうだ。動悸が激しくなっていく。

東京に逃げだしてくるために三年近くもかけて貯めた五〇万円だった。飛行機代とホテル代で五万円ほど使い、この三日間でイトーヨーカドーで買った布団一式や日用品の代金が二万円弱、黒いバッグには、残った全財産、なけなしの四三万円が入っていた。それをどこかに置き忘れてしまった。

汗をかいた窓ガラスが、ツーッと糸を引くように大粒の涙を流した。指でキュキュッとなぞってできた扇の形が流れた涙で崩れ、できそこないのクラゲの絵みたいになっている。車庫から届く蛍光灯の光が乳白色のクラゲの足をまた一本増やし、五本になった。五時半をまわった車庫には、オレンジ色の回送ランプを点けた営業車が何台も戻ってきている。仕事終りの運転手と、早々に出勤してきた今日が出番の運転手が入り交じっている。この光景を作る一員に、自分も本当になれるのだろうか。ふ〜ッ、と、また溜め息がでた。溜め息の数を勘定している時間があるくらいなら地理試験の勉強に取りかかったらどうだ。そんなことは言われなくたってわかっている。

白紙の答案の件は東京タクシーセンターから連絡が入っていたようで、会社に戻るなり「これで勉強しておけ」と法師部長から渡された資料はどれも東京の地理に関するもので、そこには、例の地理試験問題例集もあった。

「この本を丸暗記すれば合格する」

「一週間で覚えろ」

部長は命令口調で簡単に言ったけれど、パラパラとめくってみたら、地理試験問題例集は百ページもある本だった。

「わかったか」と念を押され、「はい」と返して、実は、と黒いバッグの件を話した。部長は、地理試験どころじゃないとばかりに、その場ですぐにJRと東京メトロに問い合わせの連絡をしてくれたけれど、「落とし物は届いていない」だった。

「なんで四〇万円も持ち歩くんだ」

白紙答案の一件よりずっと強い調子で、法師部長は黒いバッグの紛失を怒った。怒られながらも、心配してくれているのだとはわかっていた。事務所にいた職員たちも、黙ってふたりのやり取りを聞いている。

「五万円だしてやってくれ」

部長は振り返って事務員に指示し、「無一文じゃ生活ができない」と言って五万円を前借り分として渡してくれたのだった。

事務所から香織に電話をした。四三万円をなくしたと話すと、その日のうちに電信為替で二万円が送られてきた。現金収入を得る手だてなんてないはずの彼女がどうやって工面してくれたのか、それを考えるだけで切なくなった。


枕もとに置いた地理試験問題例集。これをまるごと一冊暗記すれば地理試験に合格できる。法師部長が言っていたとおり、先輩運転手たちの誰もがそう言った。

「よし、やるか」

言い聞かせるように声にだした。

できそこないのクラゲの格好した覗き穴の向こうに車庫の風景が映り、そこに二重露光したように自分の顔が浮かんでいた。きのうはまいったな、と言ってみる。大粒の涙が糸を引いた。

＊1　大手四社のうちのひとつ、大和自動車交通は中央無線タクシー協同組合（＝中央無線グループ）との業務提携を行い、同協同組合に加盟の三二社のうち二三のタクシー会社が大和グループに加盟（中央無線グループは解散）。省東自動車もそのうちの一社。二〇一一年一二月から、順次、車両デザインなどが大和カラーに統一されていった。

＊2　食糧管理制度。食糧不足が深刻だった第二次大戦中の一九四二年に成立。主食である米などを政府が管理する制度。一九九五年に民間流通を機軸とする食糧法が施行され食管法は廃止された。

＊3　公益財団法人東京タクシーセンター。一九七〇年、地理試験事務その他の代行機関として運輸大臣（当時）の指定を受ける。当時の名称は財団法人東京タクシー近代化センター。タクシー運転手への街頭指導や利用者からの苦情・要望の受け付けなどを含む業務を行っている。寄せられる苦情の数は年間に一万件もある。

四章

リーマンショックと
五人の交差点

東京　二〇一〇年～二〇一三年

北光自動車交通

二〇一〇年一二月一四日

初乗り運賃が六五〇円の時代に五万八〇〇〇円あった東京のタクシーの日車営収は年を追うごとに下がり続け、一五年経ったいま、初乗り七一〇円だというのに三万九〇〇〇円台にまで落ち込んでいた。

もちろん二種免許は持っている。地理試験は、八か月くらい前に東京タクシーセンターに出向いて「一般」で受験して合格し、たった三か月間だったけれど、洒落た名のタクシー会社、リッチネット東京で運転手として働いた。地理試験の合格と引き換えに手にした運転者証は、タクシー会社を退職しても三年間は有効だ。未経験者とは違い二種免許の取得から地理試験合格までにかかる養成費用がいらず、その気になれば明日からでも営業にでられる即戦力である。願ってもない人材とはまさに私のことで、タクシー会社には大歓迎されると見込んでスタートさせた就職活動だった。いや、実際のところは、入社するのはたやすいとかなんとか、その種の思いがそもそもなかった。応募さえすれば、無条件で採用が決まるものだと思い込んでいた。

乗務員を募集するウェブサイトから応募した大手四社（大和、日本交通、帝都、国際）[*1]のうちのひとつ、日本交通からは、二週間も経ったのに音沙汰がない。ないわけがないのにないとなると、パソコンに不具合があってメールが届いてないのか、あるいは採用担当者がちゃんと仕事をしていないか、たぶん、そのどちらかだろう。だからといって、送り直す気にはならなかった。問い合わせの電話をしようとも考えなかった。雇ってくれるタクシー会社はいくらでもある。

板橋区内にある春駒交通は、希望の条件のひとつ、車内防犯カメラを設置している。そこで働くのが決まれば入社祝金一〇万円が支給されるのも魅力ではある。電話で応募し、指定された日に面接に出向いた。先方の所在地は板橋区の端で、私が住んでいるのは新宿だから、職場が近くとはいかないが、電車通勤ならJR埼京線で乗り換えなし。三〇分とかからない。通勤は楽そうだし、いいんじゃないのかな、春駒で。すでに春駒交通の運転手になった気分で、最寄りの浮間舟渡《うきまふなど》駅から目的地までの一〇分ほどを歩いたのを覚えている。ところが、驚いたことに、面接から四日後に届いたのは「今回はご縁がなかったということで」の結果だった。なにかの間違いだろ。俺を採用しないなんてどうかしてるんじゃないのか。頼りなさそうな採用担当者だったし、やつの目は節穴なのか。不採用を知った彼の上司が慌てて電話をしてくるかもしれないが、しかし、私の気持ちは、もう、いいや、になっていた。春駒は、接客に厳しい決まりがある日本交通グループの一員である。ドアを開けるたびに「ありがとうございます。わたくし、△〇グループ〇×交通の□△でございます」の挨拶から始まるのが接客の基本で、営業中もちゃんと実践しているか覆面調査まであるのだと面接では聞いていた。実のところ、勘弁してもらいたいと思っていたのだ。俺にはできそうもないな、と。それに、次の会社の面接がすでに決まってる。共同無線グループ（解散）に加盟している中堅どころの大栄交通（現在は日の丸自動車グループ）である。ここも防犯カメラと入社祝金一〇万円の条件は揃っている。看板の威光は大手四社と四社のグループ会社にほんの少しだけ譲るにしても、それに等しいだけの気楽さはあるだろう。そう決めて臨んだ面接なのに、どうしたわけだか、いくら待っても結果を知らせる連絡がこない。もしかして忘れてるのかと、こっちから催促の電話をすると、はじめのうちは「面接なんてしたかな」みたいな調子だったが、思いだしたようで「あ〜、はいはいはい」と声をあげた採用担当者。それから言いようをあらためて「残念ながら」を口にしたのだった。次に応募したのは緑色のタクシー、東京無線グループの飛鳥交通（現在は日本交通グループ）で、対応にでた採用担当者は「うち（板橋営業所）は運転手がだぶついているので小茂根営業所の担当者から連絡させます」と言って早々に電話を切り、それっきり小茂根営業所からの連絡はきていない。

運転手募集の広告をだしているくせに、応募したら「運転手がだぶついている」とはどういうことなのか。なにやら様子がおかしいと感じはじめていた。タクシー会社はいつも運転手を募集している。スポーツ新聞の募集欄やウェブサイトには「高収入」「養成中の日当一万円」「三か月間　三〇万円給料保証」とか「入社祝い金一〇万円支給」とか記してあって、これを素直に読めば、運転手集めに苦労しているのだろうとの推測がつく。それなのに、即戦力の私が、立て続けに三社に袖にされてしまった。採用担当者の目が節穴だとしても、もしかすると、それだけが理由ではないのかもしれない。弱気になったつもりはないが、気づくと、やることは弱気そのものだった。面接にでかけたチェッカー無線グループの東京協同タクシーは春駒や大栄と同じ板橋区にあるのだけれど、最寄りの駅は上板橋だから、新宿から行くとなると池袋駅で東武東上線に乗り換えないといけない。生まれてこのかた、ただの一度も利用したことがない東武東上線である。通うとなったら不便だし時間もかかる。けれど、通勤時間がどうだの乗り換えなしがいいだのへったくれだのと言ってられない気がしはじめていたのだ。

事務所に「新入社員」六人の写真入りのプロフィールが貼ってある。最年長は六七歳だが、この人はおそらく定時制としての入社だろう。彼を除けば、年齢順に五五歳、五四歳、四四歳と続き、残りの二人は、驚いたことに三三歳と二九歳だった。「タクシー運転手の高齢化に歯止めがかからない」[*2]と業界誌には書いてあったものだから、こんな若い人材が集まっているのが意外だった。けれど、次に面接に出向いた東京無線グループの宝自動車交通の事務所で、新人ドライバー紹介表を見て現実を直視することになる。そこには六人の新人が写真入りで紹介されていて、五〇歳代、四〇歳代、三〇歳代が並んでいた。それから数日後、提出した履歴書とともに「不採用」と記された通知が宝自動車から届き、その一方で「結果は来週のはじめに」のはずだった東京協同タクシーからの連絡はなしのつぶてだった。日本交通のウェブサイトから応募したのと同じころ、家から徒歩一五分ほどの距離にあるグリーンキャブに応募の問い合わせの電話をしたのだけれど、そのとき対応してくれた採用担当者の反応を思いだした。彼は、「五八歳です」と年齢を伝えた時点で断りの言葉を口にしたのだ。いわゆるリーマンショックからこっち、不況とリストラで、若い人材の職を求める波がわずかながらもタクシー業界にまでおよんできている。わずかといってもその絶対数は多いものだから、タクシー会社にしてみれば状況は買い手市場になっているようなのだ。しかも、そこに、業界全体として取り組んでいる「減車」がある。だとすると、経験があると自慢したところで、三か月で退職してしまった事実を履歴書に記すのはむしろ逆効果、マイナス印象の経歴になってしまう。一四〇〇台の営業車を保有する老舗タクシー会社、グリーンキャブの眼鏡に、大手の日本交通の眼鏡に、六〇歳を目前にしたマイナス前歴の運転者がかなうわけがなかった。

日車営収が四万円。この数字は、「タクシーで稼ぐのは難しいです」と求職者に向けて公言しているも同然なのだが、しかし、人材確保に困っている様子がまるでないタクシー業界。本当は困っていないのだとしたら、私は、まったく的外れな自信を持ってしまった勘違い野郎だったことになる。相手の方が強いとわかったとたんしおらしい態度に豹変する雄ネコのように、態度をあらためる気になった。俺は、ぜんぜん〝願ってもない人材〟なんかじゃない、「どうか私を採用していただけませんか」の姿勢を示さないとだめなようだ、と。

尻尾を巻いて反省したとたん、偶然かもしれないが成果がでて、チェッカー無線グループに加盟している東日本交通が内定をだしてくれた。適性検査とやらのペーパーテストに取り組んでいる最中に、席を外していた採用担当者はリッチネット東京に電話を入れ、私の働きぶりについて問い合わせをしていたのだ。後に知るのだが、リッチネットの責任者は、問い合わせに「引き止めたんですが」と回答したというから、それが効いたのかもしれない。採用担当者は合否をはっきり言わないまま今後のスケジュール云々をしきりに口にするものだから、尋ねた。

内定ということでしょうか。

「はい。健康診断を受けていただいて、それで問題がないようでしたら」

聞いた瞬間、胸のうちで、やった〜ッ、と叫んでいた。八社目にして、ようやく内定したタクシー会社だった。通うとなると京王線でなら新宿から一五分。通勤が楽な、格好の職場だと喜んだのだ。ところが、まさかの通知が数日後に届く。不採用だった。健康診断の結果、中性脂肪だの尿酸値だのの数値が悪かったとかが理由だった。そんなの、ありがちな成人病だろ、と毒づいたところで結果が覆るとは思えなかった。なにしろ、人材はいくらだってやってくる。タクシー会社は、そのことをよく承知しているのだ。

アメリカの投資銀行、リーマンブラザーズの経営破綻の余波を受けた日経平均株価は七〇〇〇円台まで急落し、バブル崩壊からこっち、ずっと低迷を続けてきた日本経済は、ここにきて「百年の一度の不況」に襲われている。「景気が悪くなると、日常生活のなかで『なくても困らない』ものが売れなくなる。花は、その代表みたいなものだ」と言ったのは、オイルショックの時代、私のタクシーに乗り合わせた花屋さんだった。四〇年近くも前に聞いたあのときの言葉を、近ごろ、よく思いだす。タクシーも同じだ。たとえば株価の大幅な下落とか、景気悪化の兆候が顔をだしたとたん、世の中が不況を実感するずっと前に、まずタクシーの水揚げに影響が表れる。悪い話は、まずタクシーから、なのである。けれど、逆はない。製造業の設備投資が増えたとか不動産業界が元気になりはじめたとか、景気の先行きを教える指標が少しくらい上向いたところで、その程度ではタクシーの水揚げはぴくりとも反応しない。世の隅々まで好景気の波が行き渡って初めてタクシーにも余波が伝わってくる。悪い話は最初にきて、いい話は最後にならないとタクシーにはまわってこないのだ。いま、日経平均株価は一万円前後。世の中は、いつ好転するとも知れない不況のなかにある。

景気が悪くなるとタクシー運転手が増えるのはずっと昔からの決まり相場だが、リーマンショックの影響が言われるようになって以降、もしかするとそれ以前、アメリカの低所得者層向けの住宅ローン、サブプライムローン問題が顕在化して世界経済の行方が怪しくなって以降、その傾向が、ここ何年か極端な形となって表れているのかもしれない。そうでなければ、こうもたて続けに不採用が重なるわけがない。そんななか、中央無線グループ（解散）に加盟する北光自動車交通株式会社（現在は大和自動車グループ）が私の採用を決めてくれたのは、東日本交通に内定取消しを告げられてから間もなくのことだった。東武東上線・東武練馬駅にほど近い場所にあり、車両保有台数こそ三九台（現在は一〇七台）と小規模ながら、一九五一年（昭和二六年）創業の老舗である。池袋駅から各停に乗って七つ目が東武練馬駅で、南口をでて飲食店が並ぶ道を五〇メートルも進めば東上線に並行する旧川越街道に当たる。わずかながらも旧街道の名残を想わせる、住んでいる新宿とはまるで様子が違う街並みの北町商店街が続いている。道をはさんでこっち側は板橋区だが、向かい側は練馬区北町だ。逆に、駅の北口を降りると飲食店が並ぶ道の先に信号機付きの交差点があって、その角には東武練馬のランドマークと言っていいイオン板橋ショッピングセンターがどんと構えている。北光自動車交通は、そこから直線距離にして三〇〇メートルくらいの場所にある。就職活動を開始してほぼ二か月後の一二月一四日、応募すること九社目にして、やっと決まった働き場所だった。

午前五時をちょうど過ぎたところだった。

ＮＨＫ‐ＦＭの『ラジオ深夜便』が終わると同時にラジオを消し、ハイライトをくわえてクルマを降りた。運転席に座っていると気づきもしないが、車外にでたとたん背中も腰もがちがちに固まっているのがわかった。両手を思いっきり上に伸ばし、それから上体を反ったり屈んだりして体をほぐす。あ〜、疲れた、と小声で口にし、隔勤は、やっぱり俺には向いてないと思う。ハイライトに火をつけたのはそれからだった。

このまま帰庫するとして、今日の水揚げは税込みで五万八〇〇〇円。世の中が不況感にどっぷり浸かってしまっているものだから、仕事にでるのが嫌になるくらい暇な日が続いている。そうした状況で日車営収が四万円しかないのを考えると、税込みであっても五万八〇〇〇円は上出来だと思う。

夜明け前に三条大橋の西詰にクルマを止め、山科方面に向かうその日の最後の客を待ったあのころ、初乗り運賃は一五〇円で、爾後料金は五二五メートルで三〇円だった。それが三七年も経ったいま、東京では初乗りが七一〇円で爾後料金は九〇円だというのに、一か月の水揚げだけは大して変わらないのだから、タクシーにとっての古き良き時代を知る運転手にしてみれば現状はとてつもなく厳しく映っているに違いない。客からのクレームなんてないも同然の時代だった。あったとしても、だからどうした、でしかない時代だった。それでもちゃんと稼げる時代だった。けれど、移動手段の発達と多様化が進むにつれて客が減り、やりたい放題だったタクシーは態度をあらため、サービス業として成熟してきた。それはけっこうなことには違いないが、それにしても稼ぐのが難しくなったと思う。視線の先の真っ黒くて細長いパークハイアットのシルエットが少しずつ色を帯び客室の窓の形まで認識できるようになったころ、残しておいたハイライトの最後の一本を取りだし、パッケージをクシャッと握りつぶしてから火をつけた。そのとたん、三条大橋の西詰で仕事終わりにロバート・ジョンソンを聴きながら、同じようにハイライトをふかして客を待った若かりし時分の風景が脳裏に浮かんだ。

これまで京都と東京でタクシー運転手をしたけれど、隔勤だけはやったことがない。京都ではタクシーの勤務形態にそもそも隔勤がないし、リッチネット東京ではナイトの運転手だった。午前八時に出庫するとしたら、途中、都合三時間の休憩を挟んで翌日の午後二時まで一八時間の勤務、それを月に一一～一三乗務する隔勤。たとえば、出番、明け、出番、明け、公休、出番、といったサイクルで相番と交互に勤務するのが基本だ。東京ではこの乗務形態が主流で、大手、中堅の会社では出庫時間も帰庫時間も厳しく決められているようだけれど、北光は、そのあたりはずいぶん緩い。午前中に出庫すればＯＫみたいな暗黙の了解があるらしく、運転手は、それぞれ自分の働きやすい時間に合わせ出庫していく。私は、午前五時に帰庫したい。そこから逆算すると出庫は一一時。遅くとも一〇時半には出社して、自販機のコーヒーを飲みながら仕事前の一服からスタートする。この日の出番もそうだった。

新宿の自宅から北光自動車交通まで、電車で通勤となると、東京メトロ・副都心線の東新宿駅から三つ目の駅、池袋で東武東上線に乗り換えて東武練馬駅で降りる。ドア・ツー・ドアで五〇分もみておけば到着だが、ここのところ、天気しだいではあるけれど、愛用のスポーツサイクルで通いはじめた。三か月もすれば体重が落ちて、顔も身体も引き締まってくるのはリッチネットでの自転車通勤で実証済みだ。ただ、師走の東京は少しばかり走りにくいという難がある。一二月になったからと言って世の中がどう変わるわけでもないだろうに、半ばを過ぎた都内の道路は妙な慌ただしさがあって、どうにも落ち着きがない。年末に向かって日に日に交通量は増していくし、早朝のトラックは殺気をまき散らしながらすっ飛んで行く。新宿の自宅をでたのは九時なのに、自転車置場で時計を見ると一〇時ちょうどだった。いつもより一〇分以上もよけいに時間がかかったのは、交通混雑で車道が走りにくかったせいだった。

自転車を置いたすぐ横の自販機の前にはタイヤのホイールキャップを逆さまにして作った灰皿があって、それを囲むようにして、すでに制服に着替えた二人と、運転手たちから「工場長」と呼ばれている男がコーヒーでも飲んでいるのか白い紙コップを右手に話し込んでいた。彼らの顔はいつも見かけているからよく知っている。愛想のいい小柄な男と黒ぶちの眼鏡をかけた背の高い男は、私とは出番の日がいっしょなら出庫時間もほとんど同じで、しかも、黒ぶちの眼鏡の男とは三、四日前に戸田葬祭場のタクシー乗り場で顔を合わせていた。

埼玉県との境、中山道（国道一七号）、戸田橋の手前の堤防に沿って五〇〇メートルと離れていないところに、戸田葬祭場が舟渡《ふなと》斎場と隣どうしに並んでいる。昼過ぎの暇な時間帯、流したところで客を拾えそうもないと、通がかりにそこを覗いてみた。タクシー乗り場に空車の行列がなければ付け待ちしよう、確実に客を乗せられる。まれに当たりを引くことはあるにしても、行き先はＪＲ埼京線の浮間舟渡駅かせいぜい都営三田線の志村三丁目駅くらいのものだろうけれど、当てもなく空車で走りまわっているよりはましと考えたのだ。乗り場には順番待ちを示す数台分の白線の枠が縦に並んでいて、付け待ちしているのは先頭に一台、北光の黒塗りだけだった。そこに続いてクルマを停め、ハイライトを取りだしてクルマを降りようとしたとき視線を浴びていることに気がついた。乗り場の横に中央無線カラーの三〜四台の休憩中らしい空車がいたのはわかっていたけれど、その運転手たちが揃って怪訝そうな表情でこっちに視線を向けていた。おおかた、ここを根城にしている連中が、見慣れない運転手の品定めでもしているのだろうと無視を決め込んだが、そうじゃなかった。北光の黒塗りから降りた男が近づいてくる。黒ぶちの眼鏡をかけた背の高い男だった。上着のボタンを外し、少し外股で歩く姿と彼の風貌は、ほかの運転手とはずいぶん毛色が違うと感じさせた。前職がサラリーマンだったり自営業者だったりする、いわゆる転職組みの運転手が多数を占めるようになったタクシー業界だけれど、それでも、ほんの少数ながら、根っからのタクシー運転手もいることはいる。そういう運転手はひと目でそれとわかる。どこがどうと具体的に話すのは難しいが、よくも悪くも玄人の雰囲気が漂っていて、間違いなく彼もそのひとりだ。タクシー運転手にとって「よき時代」と言えば四〇年以上も前、オイルショック以前のことだけれど、あの頃には珍しくもなかった無頼の運転手に通じる、そんな雰囲気を感じさせる男だった。

彼が、運転席の窓を開けろと手で合図する。

「呼ばれてないですよね」

「ここ、だめなんですよ」

物言いは慇懃《いんぎん》なのだけれど、言っている意味がわからなかった。思い浮かべたのは、数人が、あるいは十数人がつるんで、自分たち以外の空車の出入りを許さない連中の姿だった。東京だけでなく、京都でも似たような経験がある。タクシー乗り場ではないのに客を確実に乗せられる場所が、少数ながらどの地域にもあるものだが、そこを自分たちだけのショバと決め、仲間うち以外の空車を寄せつけない連中がいる。ここもその手の、タクシー協会が知ったら火を噴いて怒りだしそうな乗り場なのかと思ったが、どうやらそういうことではないらしい。

「ここね、無線で呼ばれたクルマが待機する場所なんだよね」

この時点で、私はまだ中央無線の講習を終了していない。中央無線グループでのタクシー乗務経験がない運転手は、たとえリッチネット東京での経験者だろうと四社の一〇年選手だろうと新人扱いだから、まずは研修に参加しないことには話が前に進まない。研修を修了して、初めて無線配車を受けることができる身分になるのである。私は、まだ、だった。私が担当するクルマの無線がいっこうに鳴らないのは当然なのだ。戸田葬祭場の乗り場は、葬祭場からの電話を受けた無線室が近くにいる空車を配車し、そして呼ばれたクルマが待機する場所なのだという。そんな事情を知らない新人が付け待ちを決め込んだものだから、訝しがる他社の運転手の手前、「しょうがねぇな」とばかり、北光の先輩として彼が事情の説明に乗りだしてきたわけなのだった。このとき、初対面の挨拶の言葉を先に口にしたのは、もちろん新入社員の私からである。「よろしく」と返した彼。「イソベケンイチ」と名乗った。

戸田葬祭場での、このやり取りで顔合わせを済ませていたせいだろうか、磯辺健一は、あの日とは打って変わって一〇〇年前からの知り合いみたいな笑顔を向け、出社したばかりの私に話しかける。

「本山さんって、あんたと同じ日に入社したんだよね。音信不通だってさ」

「音信不通って」

「無断欠勤が続いたから連絡したらしいんだけど、何べん電話してもぜんぜんつながらないらしいよ」

こうして話していても、磯辺に対して抱いた無頼のイメージは初対面のときと同じだった。いや、むしろ強まったかもしれなくて、「昇り龍を背負ってるから半袖のシャツは着れないんだ」と彼が告白したら、だろうと思った、と答えてしまいそうだ。

「逃げちゃったんじゃないかな」と、彼の言葉を軽口でつないだのは工場長だった。

「あいつ、入ってすぐ、会社から借金したんだよ。一〇万円。生活費がぜんぜんないからって。つり銭も借りてるらしい。出番のたびに一万借りて、それが二回。一二万借りたまま連絡してこない」

聞いた瞬間、北光では古参のひとりに数えられる運転手が、しばらく前に、本山と私の事情を訳知り顔で話したのを思いだした。

「あんたもそうだけど、一二月に会社を移ってくるんだから、よっぽど金に忙《せわ》しいんじゃないのか」

「おかしいだろ、やつが住んでるのは大森だぞ。大森から板橋のタクシー会社まで通うって。東京の端から反対側の端までなんて」

「あんただってそうだよ、新宿に住んでるんなら、中野とか高円寺とか、近くにいくらだってタクシー会社があるだろうに」

一二月に転職するとなぜ「金に忙しい」となるのか、彼の言葉の意味はよくわからなかったけれど、あの口ぶりからすると、本山も私も切羽詰まって入社祝金を目当てに北光にきたに決まってるとでも言いたかったのかもしれない。さすがの古参も、タクシー会社の、極端な買い手市場になっている近ごろの状況はご存じなかったようだ。

本山とは三日前に会っていた。入社した翌日、遠方からの通勤を疑った古参の運転手が指導係になってクレジットカード端末機の扱い方や売上げを入金する機械の操作方法などを教えてくれたのだけれど、本山と私は、その新入社員研修をふたりで受けた。会ったのはそれから五日後、お互い、仕事にでるようになって二乗務目を終えた日の明け方、となりどうしで洗車しているときだ。四〇歳の頃から正社員としての職がなく、コンビニの雇われ店長をしていたが、仕事がきつく、それでいて給料が安くて生活が楽ではなかったので四七歳のときにタクシー運転手になったのだと彼は言った。経験は浅く、横浜で一年、それから東京で地理試験を受けて東京無線グループの会社に入ったけれど、二か月で退社して北光に移ってきたのだという。離婚した奥さんに渡す養育費を稼ぐのが大変なのだとも話していた。その本山が、たった二乗務しただけで音信不通になった。

「入社祝金の二〇万円、入った？」

愛想のいい小柄な男が聞いた。この男は、私より半年ほど早く、よその会社から移ってきた運転手だと誰かが言っていた。

「うん。もらった」

「それで逃げちゃったのかな」

もらったと答えたとたん、彼は「あっちゃ〜ッ」とばかりに顔をしかめ、「ぜんぶで三二万円か」とひとり言のように呟いた。この男、自分の思いがわかりやすく顔にでるたちのようだ。ナイト勤務の工場長を除く私たち三人が営業にでたのは、それから一五分ほど後のことだった。

愛想のいい彼の名が『豊田康則《とよだやすのり》』だと知ったのは、西新宿で回送表示をだして一目散に帰庫し、洗車を済ませて自販機の横で一服しようとしたときである。買ったばかりのハイライトの封を切り、一本とりだしたときに「豊田さんッ」と誰かの大声が聞こえ、振り返ると帰庫したばかりの黒塗りから渋い顔で降りたのが彼だった。

「CX（＝フジテレビ）で四時間も粘ったのに、結局は空振りだった」

彼は三万五〇〇〇円しか持って帰れなかった（水揚げできなかった）理由を口にしながら

ショートホープを取りだし火を点けた。歳がひとつしか違わないのに、はるか年上の老人のように腰を曲げて歩く、ひどい腰痛持ちの彼を「豊田さん」と私が呼ぶようになったのは、このときからだった。

お台場のフジテレビには、出演者や番組制作スタッフの送迎のために常にタクシーが待機しているのだけれど、ここで仕事ができるのは、東京無線グループや中央無線グループなど五つの無線グループ・会社のうちの選抜された運転手に限られている。我が北光自動車交通に割り当てられた選抜運転手の数は三人。そのうちの二人が豊田康則と工場長で、彼らは、フジテレビに出入りする資格を得るために中央無線の特別な講習を受けた選抜組なのだ。

船の科学館の近くに中央無線グループの車両のための待機所があって、そこで無線配車を待つのは午後八時から翌朝の五時までと決まっている。この間に配車を受けるのだけれど、基本的には並んだ順だから、運転手たちは早い時間からお台場の周辺でそのときを待ち、午後一〇時になったとたん待機所に滑り込む。午後八時を過ぎたあたりから、お台場、お台場とそわそわしてくるらしいから、それまでの稼ぎはせいぜい二万円くらいなものだ。フジテレビで少なくとも三万、悪くても二万は揚げないことには格好がつかないが、勝負をかけたところで、勝ちが約束されているわけではない。この日の豊田がそうだった。配車されて走った先は、東雲《しののめ》までの三〇〇〇円弱、九段下までの約五〇〇〇円、いちばん遠くまで走った先は東池袋で、料金は七〇〇〇円。どれも税込みの数字だから、実際の水揚げは一万六〇〇〇円くらいのものだろう。これが粘ったあげくの結果だった。豊田がフジテレビで無線待ちするようになったのは四か月ほど前からだというが、その初っぱなにまわってきたのは、有名な女性プロデューサーを静岡県の熱海市まで送る仕事だった。運賃は五万円を超えている。それで味をしめた。日車営収が四万円の時代である。深夜の繁華街で、当てもなく、来るか来ないかさえわからない客を待ち続けるより、フジテレビでの無線待ちの方が割りがいい。そう考えた。人生初のパチンコで大勝ちしたビギナーズラックによく似てる。また勝てると勘違いして通い詰めてしまう。タクシー仕事は、長い目で見れば地道な流し営業がいちばんだと豊田自身も先人の教えの正しさを知っているけれど、それでもやめられないフジテレビ詰めなのだ。

あの日　二〇一一年三月一一日

客の態度が怪しくなるのは、気の早い酔っぱらいが現れる午後八時くらいからだ。料金が高いだの遠まわりしただの、プロのくせに道を知らないだのと（それは事実だ）、運転手が浴びた雑言が車内に溜まりだすころである。目的地までの経路を自分で細かく指示したくせに、その道が渋滞していたものだから「何でこんなところを通るんだ」と理不尽にもほどがあるクレームをしつこく飛ばした男は、さんざん悪態をついたあげく降りしなに料金を投げつけた。二枚の千円札が宙を舞い、小銭が運転席のまわりに散らばった。けれど、深夜の酔っぱらいに較べれば、こんなのはまだ可愛い。赤信号で止まるのが気に入らなくて運転席の背を蹴り続ける男。走ってる最中に窓を開け、いきなりゲロを吐く女。目的地に着いてから「金がない」と言いだす男。警察沙汰もある。

新宿三丁目の角で乗せたその客は「ゴールデン街で飲んできた」と、聞いてもいないひと言を発してから「寝るからカーナビに住所を入れろ」と命令口調で言い、「荒川区尾久《おぐ》○△×□」と早口で続けた。こっちは慌ててメモを取り、復唱して目的地を確認した。走りだすなり彼は眠りに入り、私はカーナビに住所を入力しながらルームミラーで彼を見た。四○歳前後だろうか。やっぱり、な、と、ひとり合点した。経験した限りでは、運転手に横柄な態度を取るのはこの年代の男がいちばん多い。

明治通りをまっすぐ行って三○分、目的地に到着すると同時にメーターの支払いボタンを押し、料金は三八六○円。なんだか嫌な予感がしていた。ナビが「目的地に到着しました」と告げた場所に住宅家屋はなく、町工場だか倉庫だかよくわからなかったけれど、とにかく住宅ではない建物が並んでいたからだ。絶対にここじゃないと思った。着きましたよ、と声をかけても、酔っぱらいは、精根尽き果てたみたいで顎を上げ口を半開きにして眠り込んだまま起きる気配がない。お客さん、お客さん、と三分くらい続けたが反応はなく、仕方なく彼の身体を揺すって起こす。

「奥さんは知らないんだよ」

えッ、と聞き返したら、うわ言だった。

「お客さんッ」

「大丈夫だってば」

「お客さんッ、起きてください」

「ここはどこだ」

怪しげな夢から覚めた男は、体を起こしてまわりを見わたし、「ここはどこだ」と言いだした。この言葉は、車内トラブルの幕開けを知らせるブザーだとタクシー運転手はみんな知っている。

「ちゃんと俺の家の前に着けろよ」

「三八六〇円は高い。二八〇〇円しか払わないぞ」

「警察で自衛隊でも、呼べるもんなら呼んでみろよ」

二〇分ほども続いたすったもんだの末の一一〇番。パトカーが到着したのは、それから一〇分ほど後のことだった。


仕事にでるたびに、俺はタクシー運転手としての才能がない、と、つくづく思う。タクシー運転手には向いていない。

どの無線グループにも、もちろん四社のグループにも属していない、要は、無線も看板もない無名の小さなタクシー会社、リッチネット東京で働いたときでさえ月の水揚げは七〇万円を大きく超えていた。それなのに、北光でのこの三か月は、平均してみれば日車営収（この時期の日車営収は三万九四〇〇円）よりは多いけれど、それでも四万五〇〇〇円ほどしか稼げず、月の水揚げは六〇万円にも届いていない。リーマンショックをもろに受け世の不況感が深まったせいはもちろんある。しかし、そうとばかりも言えないのは、ほぼ同時期に入社した男が出番ごとに確実に七万円を、ときには八万も九万も持って帰ってきて、早々に北光のエース格になっていたからだった。

三か月前に初乗務した日、一〇時に出庫し、最初の客を乗せたのは一〇時四〇分で、最後の客を乗せたのが翌朝四時二〇分、帰庫した時間は午前五時ちょうどだった。営業回数は二四回、水揚げは四万二四二〇円（税込み）である。初乗務だし、小手調べだし、初日の稼ぎはこんなものだろうと納得ずくの四万二四二〇円だが、驚いたのは実車率の低さである。都内を二六三キロも走って、客を乗せていたのはそのうちの九三キロ、実車率は三五・四パーセントでしかなかったのだ。昔の話をしても仕方がないが、かつての〝よき時代〟には、呑気に流していても五五パーセントを軽く超えていた実車率。リッチネット東京で働いたときのそれは平均で四二パーセント前後。状況はどんどん厳しくなっている。それでも、何度か乗務するうちに、三五パーセントならまだマシだとわかってきた。三三〇キロも走って税込み四万二七〇円しか水揚げできなかった日の実車率は、わずか二八パーセント。この数字から読み取れるのは、走っても走っても客を見つけられず、泣きたくなるくらい焦ったけれど我慢して諦めずに走ってきました、である。初乗り運賃がまだ六五〇円だった一五年前（一九九五年）、この年の日車営収は約五万八〇〇〇円。一か月間の乗務数を一二日で計算すると、決められた勤務時間を怠けずに仕事していれば、誰でも彼でも月に七〇万円（六九万六〇〇〇円）を確実に水揚げできたという意味で、その気になれば九〇万でも一〇〇万でも揚げるのは難しくなかった。運転手募集の広告にあった「月収四五万円以上」は、当時は少しも大袈裟ではない数字だったのである。それなのに、いまの日車営収は四万円にも届かないところまで落ち込んでしまっている。それでなくとも移動手段の多様化と充実でタクシー利用者は減り続けてきたのに、小泉政権時代に実施された規制緩和の影響が大きかった。タクシー会社の数が増え、タクシーの台数もぐんと増えた。そこにもってきて決定的だったのがサブプライムローン問題、リーマンショック。減った客。増えたタクシー。日車営収の激減は当然の結果だった。けれど、こんな厳しい状況にあっても、やるやつはやる、のである。

出番のたびに七万も八万も確実に稼いでくる運転手には特殊能力があって、鰻重なら松竹梅の松の、さらに上の特上の松。どこの会社にも数人はいる（＝数人しかいない）天賦の才能の持ち主である。タクシー運転手という仕事が天職としか思えない努力する異能者である彼らは別として、努力するふつうの運転手、松、竹の話である。平均すれば出番ごとの水揚げが私より確実に一万円は多い松や竹の運転手たちはたくさんいる。私だって、その気になれば彼らのように五万五〇〇〇円くらいの水揚げはできないわけではない。事実、六万も七万も稼いだ日もあるのだけれど、しかし、続かないのである。松や竹の運転手たちのように、一か月間を通して五万五〇〇〇円の水揚げをコンスタントに持続することができないのである。根気が、まるでない。それが最大の理由だった。そこそこ稼げるタクシー運転手になるために必要な才能は努力を続ける根気だが、残念なことに、私には、その資質がない。だから私は、竹には微妙に届かない運転手でしかないのである。

身に沁みる〝才能のなさ〟と酔っぱらい相手にほとほと嫌気が差した。私が隔勤を降りたのは、それが理由だった。北光自動車交通に入社して四か月後（二〇一一年三月）、私は、朝から夕方まで、月に二四〜二五乗務する日勤の運転手に変わり、新しい相番になったナイトの運転手は工場長だった。彼は自動車整備士ではないのだが、ナイトの運転手をしながら営業車の管理を一手に引き受けているところから、もっぱら「工場長」と運転手たちからは呼ばれている。若い時分に北光の運転手としてタクシー業界に入った彼は、それから一七年後、二〇〇四年に念願だった個人タクシー運転手として独立し、霞が関を舞台に、特定の役人を客とする「居酒屋タクシー」で稼いでいた。けれど、彼の個人タクシー事業者としての営業はわずか三年で終わっている。「話せば長い」と言った彼の物語を要約すると、個人タクシーの資格試験に合格してから免許交付までの期間に犯してしまった五四キロオーバーの速度違反が原因で、個人タクシー免許の更新が認められず、そして古巣に舞い戻っていたのだった。

夕方には仕事を終える日勤のくせに出庫したのが八時四〇分なのだから、その時点で、もう、ぜんぜん話にならない。七時には走りだし、うまいこと池袋駅へ急ぐ通勤者でも拾っていれば初めの一回で三〇〇〇円くらいにはなっているのに、こんな時間では、空車を待ってくれているのは近所の病院に通う老人くらいのものだろう。九時ちょうどに川越街道の常盤台から乗せた最初の客の行き先は、案の定、日大板橋病院までで、ワンメーターの七一〇円だった。その後、二〇六〇円、二四二〇円と続いたまでは悪くなかったが、一〇時半に神保町で乗せたのは飯田橋までの七一〇円。そのまま飯田橋駅で空車の列に並び、四〇分待って乗せた中年女性の行き先は防衛省前までの九八〇円だった。しかも、その女、降りる段になって文句を言いだした。

「いつもは八〇〇円か八九〇円でくるのに、おかしいじゃないの」

「ぜったいにおかしいわよ。だって、いつもなら高くたって八九〇円なのよ」

「申し訳ありませんでした。道が混雑していたものですから」

「そんなことないでしょう。いつもと違うじゃないのよ」

「九八〇円なんて初めてなのよ。おたくの会社に電話させてもらうわよ」

「いつも」を譲らない彼女の言いようは、たちの悪い運転手が遠まわりでもしたか料金メーターに不正でもあるかのようだった。この手の客は昼夜に関係なく少なからずいる。飯田橋駅から防衛省前までは一本道だから遠まわりのしようもなく、ましてやメーターの不正なんてできるはずがない。それでも、お客さまさまの近ごろのタクシーは、接客業とはそういうものだろうが、腹で「冗談じゃねぇよ」と思っても、どうも申し訳ありません、と、ひたすら低姿勢で嵐が過ぎ去ってくれるのを待つしかないのである。

昼休みをはさみ、午後二時の時点までの営業回数はわずか九回で、水揚げは税込み一万と七一〇円。この調子だと、よっぽどラッキーが続かない限り最低目標の二万円に届きそうもないが、日勤の仕事にラッキーなんて易々と転がっているわけがなく、それから客を拾えたのは二回だけで、どっちも七一〇円だった。通勤時間帯を過ぎてしまうと、日中はいつもこんな調子だし、だから七時には出庫しておかないと、後が辛いのだ。ワンメーターの客を降ろしてから一時間近くも空車で走りまわり、やっと見つけた客を乗せたのは、白山通りの、白山下の交差点の角で、午後二時四〇分を少し過ぎたころである。

「神保町の交差点を越えて、学士会館のあたりまでお願いします」

いかにも仕事中を想わせるスーツ姿の女性が目的地を告げ、「はい」と返す私の頭に、八〇〇円か八九〇円の料金が浮かんだ。

白山下から五〇〇メートルほども行ったところにある大型ディスカウントショップ、オリンピックの前の信号が赤に変わったのは、走りだしてから二分も経っていないときである。信号待ちの間、やっぱり今日は二万円には届きそうにない、と、八時四〇分の出庫をさんざん悔いている最中に信号が青に変わった。異変を感じたのは、右足でブレーキを踏んだままシフトレバーをDに入れ、少しだけ足を浮かせるとクルマがゆるゆると前進し、アクセルペダルに足を乗せたときである。タイヤがズルッと滑った。実際には滑ったような感覚が伝わってきただけなのかもしれないが、そのときは滑ったと感じたのだ。それはちょうど、下手くそなスキーヤーのエッジの効かないパラレルのようで、後輪のパンクかなと思った。

パンク？

パンクかよ、と、無意識のうちにでた声は、たぶん後ろの座席にも届いていただろう。とりあえずクルマを路肩に寄せようとハンドルを少しだけ左に切った。その視線の先で、路面がふにゃふにゃと波打っていた。驚いて目の錯覚を疑いそうになった。けれど、それは一瞬だけで、すぐに地震だとわかった。こんどは客に教えるように「地震だ」と声にだした。こんなの見たことない。でかい地震だ。「うわ〜ッ、でかいッ」と声にだした。阪神淡路大震災や新潟県中越地震に遭遇した何人かに、クルマを運転中の、その瞬間を聞いたことがある。タクシーを左に寄せると同時に、かつて教えてもらった言葉どおり、車内に留まっているのが怖くなるほどクルマも路面も踊るように暴れはじめた。外からはどう映っていたのだろう、車内は、暴れ牛に跨がったロデオみたいだった。それがどれくらい続いたか、一分か二分か、とにかく長い時間ではなかった気がする。静まったのか、まだ静まらないのか、それすらわからない。ドアを勝手に開けて車外にでようとする女性を「降りない方が安全ですから」と制し、まわりを見渡した。歩道にいる人たちの誰もが、視線の先の高い建物の様子を窺っている。オリンピックの前に立ちつくし前方を指さす女の人の口が「あれッ」と動き、左手に持っていた大きなレジ袋を歩道に落とした。向こうに見える三〇階建てくらいの高層ビルが強風に晒された竹のようにしなって、大きく、ゆっくり揺れている。電線が大縄跳びみたいにぐらんぐらん振れている。震源地は東京だと思った。ついに関東大震災か、と思った。高層ビルは時計の振り子を逆さまにしたように揺れ続け、それを呆然と見つめているうちに、こんどは、耐震設計ってすげ〜な、と驚いたり感心したりした。こっちは、あのビルはもうすぐ崩れると覚悟を決めているのに、ところが外壁の一片も崩れてこない。

すぐにカーラジオをONにした。そのとたん大地震発生の速報が流れだし、アナウンサーが「震源地は宮城県沖」と言った。

耳にした瞬間、なんでだよ、が、まず頭に浮かぶ。

宮城沖が震源で、なんで東京がこんなに揺れるんだよ。おかしいだろ。

東京の激しい揺れと「震源地は宮城沖」との速報が頭のなかでどうしても一致せず、何か尋常でない事態が起こっているに違いないと感じていた。不安な思いが湧いてきて、嫌な予感が胸のうちでざわつきだす。宮城県石巻市で暮らす知人がいる。ずっと以前、彼女が言った言葉が頭をよぎった。

「石巻に住む以上、いつ大地震がきても、と覚悟している」

それから数分後、乗客が「ここで降ります」と指示した場所は神保町の交差点を少し過ぎたあたりで、学士会館の手前だった。そこに至るまでの二キロほどの沿道はビルから逃げだしてきた人々で溢れ、空車のタクシーを待って手をあげている人たちが鈴なり状態でつながっていた。沿道にこれほど大勢の人が集まっているのを目にするのは東京マラソンの応援にでくわしたとき以来かもしれない。客を降ろすために停まったら、誰かが間髪容《い》れず乗り込んでくるのは想像がつく。日勤なのに、そんなことになったら帰庫できなくなってしまう。冗談じゃない。俺だってとっとと家に帰りたい。空車になったら回送表示をだして、と算段したけれど、無駄だった。閉まりかけたドアに身体を入れ、無理やり乗り込んできたのは、後になってわかるのだけれど、地震とは無縁なスイスからの旅行者で、日本には「きのう着いたばかり」と話した中年の女性である。

「東京駅まで」

新幹線で大阪に行くと言う彼女に、新幹線どころか電車の一本も動いてないはずだと丁寧に教えたが、とにかく東京駅に行ってみてくれと聞かない。大地震に怯えきっていて、気象庁前の交差点を過ぎたところで渋滞の最後尾になって停まったとき、彼女のそれは絶頂を迎えたようだった。

「私、ひとりでいたら気が狂いそう」

でかい余震が再び街中を大きく揺らし、クルマがさっきと同じくらい派手に暴れだす。

「キャーッ」だったか「ワーッ」だったか、私の意識の外で乗客が悲鳴をあげた。

高い建物からの落下物でもあったらことだと心配して真上に向けた視線の先で、通行区分を示す水色の大きな鉄板の標識がぐらぐら揺れていた。こいつが落ちてきたらとんでもない目に遭いそうだ。怖くなって、暴れている最中のクルマを一〇メートルくらいバックさせた。女性客が必死の形相でドアを開け、逃げだそうとしていたから、とっさに「危ないから外にでないで」と怒鳴ってしまった。そのとき、飛んできた何かがコツンと車体に当たった気がして、確認しようと運転席のドアを半分開けたところで、彼女が「ひとりでいたら気が狂いそう」と怯えた。前方には建設中のパレスホテルがあり、そのてっぺんでは工事用の巨大なクレーンのアームが大きく揺れ続けている。デジカメを動画モードにしてそれを映しながら、このままだとアームが折れてしまうか、もしかすると揺れの勢いでクレーンごと地上に落下してしまうかもしれないと思った。歩道は退避してきた近隣の企業で働く人たちでいっぱいで、何人もの外国人も含め、多くが防災用の白いヘルメットを被っている。大手町あたりの企業は災害への備えもしっかりしているんだなと感心しながら目で追うと、彼らはリーダーらしい男の指示に従い、防災訓練かと間違えそうなくらい整然と行動していた。建物に近い位置にいて上からガラス片でも降ってきたら大変と判断したのか、道幅が広い内堀通の真ん中の分離帯に人が集まっている。どれもこれも初めて目にする光景だった。

東京中を探しまわったところで、空車のタクシーなんてただの一台も走っていないと断言してよさそうな状況だった。電車は絶対に動いてないから、ここで待っていてあげるから新幹線の状況を確認してきてと彼女に告げ、駅に入っていく人と駅からでてくる人で溢れ返っている東京駅の前にクルマを止めた。傍目には、こんなときに呑気なやつと映ったかもしれないが、車外にでて、クルマにもたれてハイライトに火をつけた。彼女が戻ってくるまで二〇分ほどだったが、そのわずかな間にわさわさと人が寄ってきた。空車のタクシーを求めてだったが、歩いて行くことに決めた自分の目的地までの道順を尋ねる人もいた。目標になる案内標識や建物を教えるだけで進むべき方向を理解した何人かに混じって、ひとりだけ、東京の地理がまったくわからないと言った女性には地図を書いて説明した。四時に池袋駅で中学生の娘と待ち合わせをしているのだけれど、携帯電話は不通で、歩いて行くしかないのだと話した彼女。三〇分や四〇分で池袋まで行くのはとうてい無理と答えた私の言葉で、泣きだすんじゃないかと心配になるくらい、みるみるうちに表情が曇っていく。

新幹線がストップしたのを知ってクルマに戻ったスイスからの旅行者は、港区にある大使館関連の施設へと目的地を変更し、それから三〇分後、すっかり落ち着きを取り戻したようで何度も何度も「ありがとう」を繰り返した。彼女が目的の施設に入ったのを見届けるのと同時に、表示ランプを「空車」から「回送」に変えて走りだす。とにかく家に戻って、東北で起こったとラジオが報じた大地震の詳しい状況を知りたかった。石巻市がどうなっているのか状況を知りたかった。外苑西通りの歩道には空車のタクシーを求める人が列を作るようにして立っていたが、すべて無視して通り過ぎた。私のクルマに向かって手をあげる人たちを無視し続けるのは、少しばかり大袈裟なたとえだけれど、海に投げだされて救いを求めている人を見捨てるようで罪悪感みたいな思いに襲われ、しかし、一人や二人を乗せたところでどうなるものでもないと自分に言い訳しながら走り過ぎた。俺は日勤だから帰庫しなければいけないんだと言い訳しながら走り過ぎた。けれど、あと少しで南青山三丁目の交差点に差しかかるところで、タクシーを求めて手を挙げる大勢のなかにベビーカーに赤ちゃんを乗せたふたりの女性の姿を見つけてしまったら、もういけない。どうしようか迷った。ふだんからひとり言なんて口にしないが、このときは「しょうがねぇな」と、思いが声になってでた。停めるしかないと諦めたが、迷ったぶんだけ行き過ぎてしまい、一〇メートルくらいバックした。

「いいんですか、回送になってましたけど」

開けたドアの向こうから、なんだか申し訳ないな、みたいな言いようの声が聞こえたけれど、もう停まってしまったのだから、いいも悪いもない。それでも、行き先を聞いて、まいったな、とは思った。俺は会社に戻りたい。ふたりの女性が立っていた場所から考えると、Uターンして反対方向を目指す可能性は低いと踏んだ。会社がある板橋区とまでは願わないけれど、手前か先か、とにかく同じ方向か、それに近い方向の客だろうと自分に都合のいい判断を、クルマを停めるまでのわずかな迷いのなかで下していたのだ。だが、違った。

「二子玉川までお願いします」

まるで方向違いの客を乗せ、走りだしたとたん大渋滞に巻き込まれた。南青山三丁目の交差点を左折し、青山通りを渋谷方面に向いて三〇〇メートルも行かないうちに渋滞の最後尾に追いついてしまったのだ。私のすぐ後ろにも続々とクルマがつながって、あっという間に身動きがとれなくなった。そこからは、ひたすらノロノロと動いては止まりの連続だった。二子玉川までだと、首都高に乗れば三〇〜四〇分もあれば着くのがふつうなのに、この状況では、まるで先が読めない。不安げな表情で黙ったまま前方の様子を窺っている二人の乗客の心中を察した。いったい、渋滞はどこまで続いているの、と思っている。それは運転手も同じだった。もう少し進めば六本木通りとの合流で「そこを過ぎれば流れだすかも」と期待を込めた推測を話したが、合流地点を過ぎても、渋谷駅のガードを過ぎても状況はまるで変わらなかった。予想どおり、首都高はすでに閉鎖されていた。会社には、いつ戻れるか見当もつかないと電話した。大地震の発生直後からほとんどの携帯電話が使いものにならなくなっていたようだが、私が持っていたのは時代後れのムーバだったのが幸いして、あの状況下でもちゃんと利用できたのだ。二人の女性客も家族と連絡を取り合いたかったろうに、俺は何て気が利かない運転手なんだと後になって悔やんだ。ひと言、どうぞ使ってくださいと言っていればよかったのに。

頭上を首都高が通る国道二四六号線の歩道の混雑ぶりは、たとえるならラッシュアワーのJR新宿駅のプラットホームのようだ。都心から離れる方向に歩く人たちの大行列が途切れることなくどこまでもどこまでも繋がっている。大手町で目にしたのと同じ白いヘルメットを被った人もいる。誰もが黙々と歩いていた。五メートル進んでは止まり、二〇メートル行っては止まりの大渋滞のなかで、クルマの動きは歩道を歩く人よりずいぶん遅い。首都高の下のニーヨンロク、ここにでかい余震がきて、上から何か降ってきても逃げようがないと考えたら少し怖くなった。三軒茶屋の手前でコンビニに立ち寄ったのは、女性客のためのトイレ休憩が必要だったからだ。飲食物がほとんど店頭から消えてなくなっているのは想定内だった。こんな状況下でも営業をやめないなんて、さすがコンビニだ。歩き続ける人たちのために営業を続けている飲食店が何軒かあった。交差点の角に立ち「道案内します」と記した紙を掲げる若い男の姿を見かけた。それよりなにより驚いたのは、歩道を行く人たちの落ち着きぶりと、先を争うどころかクラクションひとつ鳴らさず、道を譲り合ってさえいるドライバーたちの行動だった。

大地震の発生から四時間近くが経ち、点けっぱなしにしたラジオの緊急ニュースが、切羽詰まった調子で「東北地方の海岸に大津波が押し寄せた」と報じ始めていた。けれど、大津波と知らされたところで、それが押し寄せるとはどういうことなのか想像がつかなかったけれど、それでも、石巻の彼女の安否が気になった。彼女が暮らす家は川幅が一〇〇メートルくらいはありそうな旧北上川の河口近く、しかも川岸からはほんの少ししか離れていない場所にある、その名も「湊《みなと》」だ。事態の深刻さを窺わせるアナウンサーの声の調子からして、湊の一帯が無事で済むとは思えなかったからだ。運転中にかけ続けた電話が彼女に繋がったのは、コンビニをでて再び大渋滞の一員になって間もなくのことである。渋谷あたりで会社に連絡を入れ、それから繰り返しかけ続け、やっと繋がった電話だった。

「生きてるよッ」

もう何年も会っていない彼女の、久しぶりに聞く第一声だった。

「生きてるよ。でも、津波が押し寄せてきて一階は完全に水没した。いまは二階に避難しているけど、ここも危ない」

彼女が、電話の向こうで大津波に襲われていた。

「水が上がってきてる。あと二〇センチで二階も浸水する」

状況を告げる彼女の口調は妙に冷静で、それが逆に事態の深刻さを物語っているようにも聞こえた。

それから一時間後、私のタクシーは、まだニーヨンロクで足止めを喰ったままだ。一時間ごとに彼女に電話をかけた。

「聞こえるかな、この音。一階でざわついてる水の音だよ」

「余震が一〇分置きくらいにきて、そのたびに水位が変わってる」

「余震のたびに一階の家具が水のなかで転がって壁や天井にぶつかってるの。ガラン、ゴロンって聞こえてくる」

何度目かの電話が繋がったとき、受話器の向こうで叫ぶ「誰から」と彼女に訊ねる男の声が聞こえた。彼女の義兄だった。

「東京から」

そう答える彼女の声に混じって、義兄の声が聞こえ続ける。彼は、やはり自宅に取り残され津波に襲われている隣家の住人と、大声で安否の確認をし合っていたのだ。そして、彼女が、やはり冷静な口調で私に中継する。

「隣の家のおばあちゃん、二階に逃げる途中で水にさらわれたって」

彼女から隣家の状況を聞かされた瞬間、ブレーキペダルに乗せた右足から血の気が引いた。

わずかながらの救援物資をザックに詰め、バスを乗り継いで私が石巻市に向かうのは、それから一週間後のことだった。

山中修
二〇一二年一月一九日

「タクシーの運転手に向いてないよね」

あの男の言葉が脳裏に浮かんだ。

いや、あの男は、そうは言ってない。ただ、「へたくそ」と、見たままを口にしただけだった。けれど、実地研修の初日、走っても走っても客を見つけられずに帰庫し、これから先、本当にタクシー運転手としてやっていけるのかとの不安な思いと闘っていたところに飛んできた「へたくそ」を、山中修《やましなおさむ》の耳が、勝手に「タクシーの運転手に向いてないよ」と変換してしまっていたのだった。

右折すれば「犬吠埼」と記された道路標識を何キロか手前で通りすぎ、住宅街を抜けた県道の左右は真っ暗闇で、おそらく田畑が広がっているのだろうとは想像がついた。道案内のカーナビが右折を指示したのは、その暗闇の先である。

曲がったとたん道はいきなり狭くなり、クルマ一台がやっと通れる程度の路地に変わった。画面に五〇メートルほど先の踏み切りが映り、真横にあるのが目的のキミガハマエキだと表示していた。遮断機こそあるものの、踏み切りといっても狭い路地を幅一メートルほどの単線の軌道敷が横切っているだけで、そこを通過すると道はすぐに左に折れ、ガイドが終わった。タクシー運転手に転職して日の浅い山中修が、カーナビの案内を頼りに銚子電鉄の君ヶ浜駅前に辿り着いたのは、すでに日付が三月四日に変わった午前三時ちょうどのことである。

ヘッドライトを消したとたん、周囲の真っ暗闇のなかにメーターパネルの灯と料金メーターが表示する尋常じゃないタクシー代〈４０１７０円〉が鮮やかに浮かび上がる。思いのほかの暗さにびっくりし、あわててヘッドライトのスイッチを一段まわすと、圧倒的な力が暗闇を瞬時に押しだした。グラスいっぱいの水に一滴だけ垂らしたオレンジ果汁がつくりだした色のなかに映しだされたのは、トタン張りの、畳の大きさにたとえるなら二畳ほどの屋根に覆われたCoca-Colaのロゴが縦書きの赤い自動販売機と背もたれにヒゲタ醬油のロゴが入ったベンチ、その間に挟まれるようにして置いてある犬小屋のような箱だった。それが犬小屋でないのはすぐにわかった。なかの方がごそごそと動いたと思ったら現れて大あくびをしたのは図体のでかい茶トラの猫で、突然のヘッドライトで目が覚めちまったじゃないか、みたいな顔をこっちに向けた。〝ねこ駅長〟を連想した。

路地の右手にはコンクリートの塀があり、どうやら民家らしいが、あたりは真っ暗で、本当にそうなのかはわからない。この狭い道をあと二〇〇メートルも進めば松林に至り、そこを抜けた先が鹿島灘の君ヶ浜で、浜に沿って通るのは県道二五四号線だとカーナビが示している。ためしに縮尺を〈拡大〉にしてみると、いま、自分がいる場所を俯瞰で見る格好になり、関東平野の東の端、九十九里浜と鹿島灘が交わる頂点、銚子の外れの犬吠埼のすぐ横に現在地を示す赤い三角印が表示された。

どう考えたっておかしい。

「本当にここでいいんだろうか」

「見当違いの場所にきてしまったのかもしれない」

小さな不安がよぎったとたん、初対面の自分に「タクシーの運転手に向いてないよ」と、洗車しながらぶっきらぼうに言った先輩運転手の言葉が、どうしたわけだか何度も何度も脳裏に浮かんできた。暗闇のなかで、不安が膨らんでいく。

丸の内からずっと眠ったままだった乗客がいつの間にやら目を覚ましていた。何も見えない窓の外を黙って凝視し、こんどは首をひねるようにして、リアウインドウの、やはり何も見えない向こうに視線を向け、そして向き直ると、どうなってるんだ、みたいな顔をしてすっとんきょうな声を上げた。

「ここ、どこッ?!」

「タクシーの運転手に向いてないよ」

先輩運転手の言葉が、また浮かんだ。

乗客がしきりに何か言っている。

「運転手さん、ここ、いったいどこなの」

「ケミガワハマの駅前までって、俺、ちゃんと言ったよね」

タクシー運転手として働きだしてまだ二か月しか経たない山中修の、五〇歳の誕生日を前にした日の出来事だった。

小泉内閣の構造改革はタクシー業の規制緩和も推進することになり、それによって、数量規制、同一地域同一運賃の廃止、参入条件の大幅な緩和が盛り込まれた改正道路運送法(=タクシー業の規制緩和)が施行されたのは二〇〇二年二月一日だった。

利用者の数が減り続けているのに、タクシーの数が増えていく。二五万台前後で推移してきた全国のハイヤー・タクシーは規制緩和を境にして急激な増加傾向を示すようになり、四年後の二〇〇六年には二七万三〇〇〇台を突破している。二〇〇二年の時点でハイタク事業者数が二三一社でタクシーの総数が二万五八七八台だった東京でも年を追うごとにその数が増え続けてしまうのだけれど、規制緩和を推進する人たちは「市場原理が働いてタクシー台数は適正水準に収まっていく」と事態を楽観的に捉えていた。「事業者の競争意識が強まり、それよって多様なサービスが登場してくる。利用者の利便性も高まる。営業努力を怠る事業者は淘汰され、良質な事業者が生き残っていく」のだと。けれど、現場の運転手たちは、理屈どおりにいくわけがないと、ハナから市場原理云々を疑っていた。大都市のなかでも特に東京では、タクシーは流し営業が基本だから客がタクシーを選んで乗るといった場面などほとんどなく、やってきた空車に手をあげる。そこには市場原理など存在しないも同然だと経験的に知っていたからだ。案の定、目論見どおりには事は進まず、規制緩和から六年後（二〇〇八年）、東京のタクシー事業者の数は一二一社も増えて三五二社に、タクシーの数は八〇〇〇台も増えてしまって三万三八六六台にまでなっている。私が三か月間だけ籍を置いたリッチネット東京も、そのうちの一社だった。数が膨れ上がっただけでなく、参入条件が「最低保有六〇台」「導入車両は新車」から「一〇台」「中古車でも可」に緩和されたことで中古車一〇台くらいの新規参入事業者がいくつも登場し、「良質な事業者が生き残っていく」とは逆の状況まで現れている。歯止めをなくしたタクシー業界。関西地方ではリース制[*3]を採用する事業者が低価格タクシーを走らせたことで運賃値下げ合戦が激化、東京でもごく一部の事業者が「深夜割増なし」を実現させ、多様なサービスと言えなくもない現象は起こったけれど、同時に、それらを上まわる弊害が現れてきた。減った客を増えたタクシーが奪い合う状況のなかで、タクシーがらみの事故が増加したのだ。[*4] 特に空車時の事故は実車時の三倍も発生し、事態のまずさを教えていた。日車営収は下がり続け、当たり前だが運転手の収入は減るいっぽうだった。[*5] 予想された過当競争を防ぐ方策を講じることなく呑気に市場原理に委ねた国の無策と、規制緩和をいいことに、あとさき考えずに増車と新規参入を繰り返したタクシー業界。運転手がわりを食っただけでなく、タクシーがどうしても守っていかなければならない「安全」「安心」が揺らいでいく。

これではまずい。いくらなんでもタクシーの数が多すぎる。何かしらの対策を講じなければ、と、国土交通省やタクシー業界は考え、そこで登場したのが、メディアから「規制緩和の流れに逆行する」と批判を受けるタクシー適正化・活性化法（二〇〇九年一〇月施行）だった。要は、業界をあげて減車に取り組むのに際し、独占禁止法には抵触しないというお墨付きである。

国土交通省の調べによると、全国約二七万台あるタクシーのうち、六分の一に当たる四万五五〇一台が余剰で、東京のそれは八七六三台だという。年が明けた二〇一〇年、東京のタクシー事業者の間では二〇パーセントの減車・休車が必要との認識が広がり、最終的に、一八パーセント、五四六〇台の減車・休車を目指して動きだす。タクシー会社の極端な買い手市場のなかで私が就職に難儀したのは、まさにこの時期、東京のタクシー事業者が減車・休車に取り組んでいる真っ最中の求職だったのだ。

タクシー特別措置法の効果ゆえか、リーマンショックの影がわずかばかり薄らいだせいなのか、理由が何だかよくわからないうちに、下がり続けた日車営収が二〇〇九年で下げ止まった。翌年はわずか八〇〇円ほどだったけれど上昇に転じ、さらにその翌年には四万三五〇〇円台に上がり、二〇一二年には四万五〇〇〇円台にまで戻っている。日車営収五〇〇〇円の差は、月の水揚げにして六万円を超える。収入が、少なくとも月に三万円はアップするのと同じ意味だからこの違いは大きいのだけれど、現場の運転手の多くは水揚げの上昇をまるで実感できずにいた。「五〇〇〇円上がったというより、五〇〇〇円下がった感じ」。運転手たちからはそんな声も聞こえてきたほどだ。それでも、数字だけは、東京ハイヤー・タクシー協会が「二〇パーセントの減車が実現すれば実車率は三八パーセントから四二パーセントに上がり、日車営収は三万八七四九円から四万五二七八円に改善する」と試算したとおりになっていったのだった。

山中修がタクシー運転手に転職し北光自動車交通で働きだすのは、その年の初めである。

履歴書にびっしり記された山中修の経歴は、彼の採用を北光自動車交通の三代目、武藤雅孝《むとうまさたか》に決めさせるのに十分だった。けれど、決定打となったのはそこではなく、武藤の勘だった。「この男は採用」と働いた勘だった。

武藤雅孝がベース奏者としてもっぱらR&Bにのめり込みだしたのは大阪芸術大学の音楽学科に籍を置いていたころだというから、さすがにロバート・ジョンソンは引き合いにださないにしても、ブルースマンとしての彼の年季はずいぶん入っていたわけである。その彼には、大学卒業後の身の振り方に迷った時期がある。セミプロであるうちは「天才」と呼ばれるミュージシャンが地方都市には必ずいるものだけれど、いざ、プロを目指すや、東京には、その手の天才がごろごろ転がっている。それがわかっているだけに、「音楽で飯を食っていく難しさ」と「音楽で飯を食っていきたい」との大それた願いの狭間で気持ちは揺れ動いたのだ。プロのバンドメンバーを募るオーディションに参加する機会を得たのは、ちょうどそんなとき、卒業が間近に迫っていたころである。『メリー・ジェーン』をロングヒットさせたミュージシャン、つのだ☆ひろのバックバンドのオーディションだった。これで認められなければプロになるのは諦める。武藤は、その一発勝負に賭け、そして合格した。けれど、彼の、ミュージシャンとして不遇ではない日々は一〇年足らずで終わっていた。契約問題という、音楽家としての才能とは無縁の、しかし、プロゆえにつきまとういざこざに嫌気がさした末に、自ら下した、ずいぶん早い音楽業界からの引退だった。父親が二代目を継いだタクシー会社、北光自動車交通に入社して運転手として働きだすのは、それから間もなくだった。日本経済がリーマンショックの波をもろに被る直前、豊田康則が省東自動車から北光に移ってくる一年半前、二〇〇八年のことである。サブプライムローン問題がタクシー運転手の稼ぎに暗雲をもたらし、落ち込み続ける日車営収の底が見えないタクシー業界だった。大手、中堅どころなら薄利多売で状況を乗り越えるのも可能だけれど、老舗とはいえ抱える営業車が三九台の小所帯では、先行きがいかにも心細い。なんでうちの会社はこんなにタクシーの数が少ないんだ。これでいいわけがない。ひとりのタクシー運転手として、武藤雅孝が抱いた素朴な疑問だった。彼が、三代目として北光自動車交通を背負っていこうと決めたのはそのときである。事業の拡大を目指す彼が手がけた最初の一歩は良質な運転手の確保からだったが、はじめのうちはミュージシャン時代の勘に頼った。バンドの音楽はいくつもの楽器の調和で成り立ち、それに必要なのは、メンバー間の阿吽の呼吸である。呼吸を読む要領で運転手の面接に臨んだ。呼吸が合えば、その場で採用を決めた。面接の時点で豊田康則の採用を即決したのも、私を即決したのも、そして山中を即決したのも、あのころは、ほとんど、呼吸を読む要領と勘が決め手だった。

一流企業に長く籍を置いていたこと、マーケティングに精通していること、部長職にあって多くの部下を率いたことなどが山中修の履歴書には羅列してあり、セールスポイントと志望動機の欄には「管理や人材活用などマネジメントにおいても、根気強く取り組んできた経験があり、御社の目標達成に貢献できるものと確信しております」とあった。山中は、趣味の欄に、野球観戦と登山のほかに「ドライブ」と書いている。繊維会社に勤務していた時期に購入した二〇〇七年型のBMW320iのオドメーターは、サンデードライバーの典型が走らせているだけのことはあって、四年経ったいまも三〇〇〇〇キロに達していない。「運転は得意」と大いばりできない自覚はちゃんとあるが、タクシー会社に提出する履歴書なのだから、趣味欄には「ドライブ」と書き入れるべきと考えたのだった。余白がまるでない山中修のそれは、この三年のうちに武藤が受け取った履歴書のなかで、必要事項をもっとも詳細に記したものだった。その詳細さは、一流企業の第一線で働いてきたというプライドの表れなのかもしれないと思った。しかし、それはタクシー仕事の邪魔になるかもしれないとの少しの心配につながるわけだけれど、同時に、その詳細さは、ただ単に、山中の生真面目な性格を表しているだけなのかもしれないとも思う。武藤雅孝は、履歴書の意味を後者だと好意的に受け取ることにして山中の採用を決め、面接の場で本人に伝えている。二〇一一年一一月のことだ。

古参の連中はやっかみ半分で「豊田軍団」と揶揄していたが、北光自動車交通のなかに、豊田康則を中心にした七~八人の運転手からなる勢力ができていたのは事実だった。

フジテレビ通いに見切りをつけた豊田は隔勤からナイトに働き方を変え、深夜の仕事場をもっぱら銀座に移してからというもの、どんな知恵を働かせた結果か断じて黙したままだが、水揚げをぐんと伸ばしていた。出番のたびに五万も六万も、隔勤と変わらない売り上げを持って帰ってくる。エース格にのしあがった彼は、三代目の覚えもめでたく、それまでは古参の海千や山千が担当していた新人指導係を任されるようになっていたのだった。

指導する相手の新人は、多くは他業種からの転身組であり、二種免許の取得から地理試験合格まで会社がいっさいの面倒をみる、いわゆる養成の新入社員である。彼らが、二種免許を取り、地理試験に合格し、東京タクシーセンターが発行する運転者証を手にして、今日からでも営業にでられるという状態になった時点で初めて実施するのが北光でのこれまでの新人指導だった。指導係が助手席に同乗し、実際に営業にでる。鉄道駅によっては客待ちのタクシープールがあって、そこでのルールは教えられなければわからない。一獲千金狙いの空車が押し寄せる夜の銀座の中心部では、一定時間内は定められた乗り場からしか客を積めない罰則付きの厳格なルールがあって、それこそ教えられなければわからない。いくつもあるその種の決まりごとを除けば、先達による指導を受けずとも営業は可能だし、実際、リッチネット東京で働きだしたときの私は、東京でタクシー運転手として働いた経験はなかったにもかかわらず、ただの一度として同乗指導を受けないまま営業にでたものだった。けれど、「未経験者歓迎」を謳う近ごろのタクシー会社の大多数は、新人運転手を大事に扱ってくれるから、いきなり「稼いでこい」と現場に放りだしたりはしない。養成期間中はもちろん、入社から三か月間とか半年間とかは、営業成績にかかわらず月給三〇万円を保証してくれるのもその一環だけれど、客を探しやすい道の選び方ばかりか、客を見つけたときの路肩への寄せ具合といった、何乗務か経験すれば身につきそうなことまで、新人指導係が同乗して教えてくれるのだ。

これを一般的な新人指導の中身とすれば、豊田によるそれは、まちがいなく特異な部類に入る。かつて地域の担い手として頼られる存在であろうとした彼の性分はここでも健在で、ひとり立ちして営業にでるようになっても、豊田は、新人をずっと気にかける指導係だった。深夜の休憩時間を彼らに合わせ、自分が指導した運転手の何人かと待ち合わせてラーメン屋に誘うのはいつものことだし、乗務が終われば彼らの日報に目を通し仕事ぶりをチェックしてアドバイスするのも常だった。新人連中に集合をかけ、定期的に食事会もやっている。そうした日々の積み重ねで、豊田の指導を受けた運転手たちが行動を共にすることが多くなるのは当たり前の流れだった。そして言われるようになった「豊田軍団」であり、そこに新たに加わったのが、年が明ける前に二種免許を取得し、難関の地理試験にも一回で合格していた山中修だった。

初乗務に緊張しなかったタクシー運転手が、もしいるとすれば、その人はよほどの鈍感か、あるいは、おそろしいほどの自信家に違いない。出庫直後から高まる胸の鼓動は走行距離が伸びるにつれて強くなり、息苦しさの正体がドックンドックンだと信号待ちの停車で気づいたとたん、こんどは焦りの気持ちが襲ってきて、鼓動が極限に達してしまうような感覚を知ることになる。山中修も、この日、同じ経験をした。出庫して三〇〇メートルも走らないうちに最初の信号待ちで止まったのは、向こう角に五階建てのイオン板橋ショッピングセンターがでんと構える東武練馬駅前の交差点だった。停止線のすぐ手前でクルマを止めたとき、律儀に一〇時一〇分の位置でハンドルを握った両手に、めいっぱい力が入っているのに気がついた。右手の人差し指の先が小刻みに震えている。ハンドルから離した両手は、汗でひどく湿っていた。なんでこんなに緊張しているんだ。緊張する必要なんてないんだ。自分に言い聞かせるように念じたが、いくらそうしてみたところでドックンドックンは治まりそうにないと山中は感じていた。指導係が同乗しての実地研修ではあるにしても、山中が、タクシー運転手として初めて営業にでた日である。出庫したのは午前一〇時四〇分。鉄道駅を目指す通勤者の姿はもちろんなく、病院通いの高齢者の姿さえもとっくに路肩や歩道から消えてなくなった時間帯だった。タクシー待ちをしている人の姿を見ないまま、川越街道を池袋に向かって進んだ。環七（環状七号線）との立体交差、板橋中央陸橋を抜けると交通混雑は消え去り、ずっと先まで視界が広がったけれど、空車のタクシーを待つ人の姿はそこになかった。

助手席の豊田が「ほら」と前方を指さしたのは、山手通りと交差する熊野町の交差点で信号待ちの停止中である。交差点の向こうにドン・キホーテ北池袋店があって、そこでの買い物帰りなのだと両手に提げた大きなレジ袋が語る女が立っていた。

「客だけどな、でも、あっちに空車がいる」

豊田が顎をしゃくるようにして示したのは、交差道路の右折ラインで、右折信号の青がでるのを待っている空車の黒塗りだった。このとき、出庫してからここに至るまでに豊田が見せた一連の行動や言葉から山中が感じ取ったのは、タクシー運転手には、一般のドライバーとは違う視線移動があるらしいということだった。それと同時に思うのは、タクシー客の少なさである。走りだしてから四〇分も経っているのに、ひとりの客も乗せられないどころか、やってくる空車を待つ人の姿を見ることもなかった。

初めての客は、ドン・キホーテを越えた先に立っていた。黒いビジネスバッグを手にしたスーツ姿の中年男で、彼は、乗り込むなり、山中が定型の挨拶「ありがとうございます。私、大和交通グループの……」を言いよどんでいるうちに「池袋駅の北口まで」と早口で目的地を告げ終えていた。「ふたつ目の信号をUターンするようにして平和通りに」と豊田が道順を口にした。目的の場所までは五分とかからずに着いているが、山中にはそれが途方もなく長い時間に感じられた。料金七一〇円を受け取り、「ありがとうございました」と言い終えて自動ドアのレバーを下げたとたん、緊張から解き放たれて「ふ〜ッ」と溜め息が声になってでた。こめかみを流れる汗を感じてハンカチを握った。汗がふきだしているのは、目的地の手前の信号で止まったときに気がついていた。平和通りは朝の早い時間は車両通行止めだとかなんとか、豊田が話す声は耳に届かず通りすぎていく。「ふ〜ッ」と、また大きな溜め息が声になってでた。

「緊張するよな。最初は誰だってがちがちになるんだよ」

山中の緊張や焦りはすべてお見通しとばかりに豊田は静かに言い、助手席のドアを開けて車外にでた。腰に手を当て、ラジオ体操のように上体を反らせ、しばらくその姿勢を続けてから、顔をしかめ「横に乗って同じ姿勢でいるのは辛いな」と言うのだった。「次の信号を右折だ」と、指導係の口調に戻ったのはそれからである。

豊田に指示されるまま再び川越街道を走りだし、山中が運転する営業車が都心に向かう。相変わらず客の姿を探しだすのは難しかったが、東京ドームシティの前から神保町までの、ワンメーターの客をもういちど乗せ、それから飯田橋駅を目指した。

ＪＲ飯田橋駅は、地下鉄の三路線が乗り入れていることもあって乗降者は多く、なかでも東口は、地下鉄・東西線の出入り口が重なり人の流れが忙しい。このタクシー乗り場に白線で引いた客待ち空車のための枠は三台分しかないが、そんな決まりごとなどお構いなしに、付け待ちの空車が昼夜を問わず長い列を作るのはいつも見かける光景なのだという。そして、空車の列がなかなか前に進まないのもいつもの光景なのだという。

「三〇分待ちだな」と豊田が声にだし、聞いた山中修は黙って頷いた。

空車の列はＪＲ線の高架下まで八台ほどが連なり、そこから先も、信号を挟んでさらに七台が続いている。山中修の営業車、四社カラーに塗りかえたばかり（つい最近まで、赤と白と紺色に塗り分けた中央無線カラーだった）のトヨタ・クラウンがその最後尾に止まったのは、午後二時を少しだけ過ぎたときだった。

「三〇分待っても、乗ってくる客の行き先は、たいていワンメーターだけどな」

豊田はそう続け、昼過ぎから夕方までは客探しに苦労する時間帯だから、駅付けもひとつの手なのだと言うのだった。

四〇分近い待ち時間は、長いとは感じなかった。緊張のせいはもちろんある。山中の緊張をほぐそうと、新人時代の自分の経験を真顔で話す豊田の言葉に聞き入ったせいもある。最初に受けた地理試験で大失敗をやらかし、後がないと腹を括った豊田は、会社から白ナンバー車を借りだし首都高速道路のすべての料金所を乗り降りして道を覚えたのだと言った。当時、一枚七三〇円の高速券を、会社の労働組合が五七〇円で売ってくれていた。それを一五〇枚、ツケで買って首都高を走りまわったのだった。まとめ買いして新宿の大黒屋に持ち込み、一枚四八〇円で売って当座の生活費に充てる連中もいて、豊田もそれと疑われたけれど、そんなことは気にしなかった。と、豊田の昔話をそこまで聞いたところで、山中に花番がまわってきた。

乗り場に向かってくるスーツ姿のふたりの男を確認した豊田が、「凸版だな」と行き先を予想すると、果たして、先に乗り込んだ男が告げた目的地は「凸版まで」だった。山中が、なんでわかるんだ、とばかりに豊田の顔を見た。この乗り場を利用する客の行き先の多くは、他の鉄道駅のタクシー乗り場と変わらず、料金にすればせいぜい一〇〇〇円くらいだけれど、そのなかでも凸版印刷までの利用者を乗せる頻度は、それ以外に較べれば圧倒的に多い。率にしたら全体の一割に満たないのだろうけれど、付け待ちする運転手の感覚としては、実際以上にあの会社への利用者がいるような印象が強いのだ。

信号の具合がよければ、走りだしたら凸版までは五分とかからない。七一〇円を受け取ると、その場にタクシーを待つふたりの男が立っていた。マーケティングの第一線で働いていたころの自分の姿が二重写しになる。地の利に欠ける本社ビルの正面玄関をでると、凸版印刷のそれと同じように広い車寄せがあって、その端には、客待ちのタクシーが常に一台か二台は止まっていたものだった。あの頃は何の感慨もなく利用したタクシーだった。遠い将来、自分がタクシー運転手になるかもしれないなどと、そんな思いが浮かぶことすらなかった。業績不振にリーマンショックが重なった結果を受け入れるしかないと理屈ではわかっているけれど、あのまま職に留まっていたら、いま、自分はどうしていただろう。タクシーを待つ男たちの姿がかつての自分に重なり、無意識のうちにせんない思いをめぐらせていた。


「タクシーの運転手をしている自分を想像したことなんて、ただの一度もなかった」

山中修はそう言った。

深夜割増の時間帯に入ったばかりの午後一〇時過ぎに、客として山中のタクシーに乗ったことがある。彼が北光の運転手になって四か月ほど過ぎた日だった。

公休が二日続いた初日は土曜日で、新宿での用事と食事を済ませた私は、どうせタクシーで家まで帰るなら北光のクルマでと考えた。長く暮らした新宿の住まいをしばらく前に引き払った私は、北光自動車交通まで歩いて通える距離にあるアパートに引っ越しを済ませていたのだ。会社に電話をすると「はい、北光自動車です」と応対にでたこの夜の当直者は、電話の相手が自分のところの運転手とわかったとたん「お前か」みたいに露骨に声の調子を落とし、「なんだよ」ときた。それでなくたって週末の夜は、車内に携帯電話を落としたらしいだの財布が落ちていなかったかだの運転手の態度が悪かっただのと客からの問い合わせがひっきりなしなものだから、当直者のご機嫌はよろしくないらしい。彼は「よけいな仕事をさせてくれるな」とでも言いたげなところを「近くにいるうちのクルマを行かせる」に代えて早々に電話を切っている。

「土曜の夜だし、忙しいんじゃないですか」とタクシー事情を知らない客から尋ねられるのはしばしばだけれど、バブルの崩壊からこっち〝忙しい金曜・土曜〟なんて、一二月を別にすればめったにあるもんじゃない。公休のこの日にしたってそうだ。靖国通り沿いには、いつものように赤い空車ランプを光らせたタクシーがずらっと並んでいる。運がよければ客がすぐに顔をだすこともあるけれど、たいていは三〇分待ちを覚悟の付け待ちである。まだ一〇時だし、待ったところで乗ってくる客の行き先は近場だと運転手は百も承知だが、流してみても客が見つからないというのもまた百も承知での付け待ちなのだ。走り抜けて行く多くがタクシーではあるにしても、靖国通りからクルマの流れが途切れることだけは決してないし、歌舞伎町から人の姿が消えてなくなることもない。ビルのてっぺんまで飾る色とりどりのネオンサインが街中で輝き、「不夜城」が陳腐な言いまわしに聞こえるとしても、この街は、やっぱり不夜城という言葉がよく似合うとつくづく思う。その不夜城に足りないものがあるとすれば、タクシーの客だ。私もここでの付け待ちの経験は何度もある。歌舞伎町のどこからか押しだされてきた人の流れは、支流を飲み込んで大きな川になり、靖国通りにでる頃には同じ方向に向かって歩く大集団になっている。いつまで眺めていてもキリがないその繰り返し。勘だが、歌舞伎町に一歩踏み込んだ先には、時空が歪んだ歌舞伎町トライアングルが、たぶんある。そうでなければ、この街に、これほど大勢の大人たちを飲み込むスペースがあるわけがない。行方不明のゼロ戦や一〇〇年前に太平洋で消息を絶った豪華客船を横目に、トライアングルと現実世界が溶け合う靖国通りまで戻ってきた人の群れは、赤ランプを光らせて待つタクシーには目もくれず、信号が青になるのを待って新宿駅へと向かって歩きだす。ましてや歌舞伎町の入り口から少し離れた三丁目の交差点付近ならなおさらだ。靖国通りも明治通りも人の姿はぐっと減り、空車のタクシーの登場を待ちわびている人などただのひとりもいやしない。日車営収は、本当に四万五〇〇〇円まで戻ったんだろうか。不景気なんだな、の言葉が頭に浮かんだ。この状況を居酒屋さんの従業員に言わせれば、大勢の客で賑わっているのは、安く飲み食いできて終電に乗り遅れる心配がない「新宿駅の近くにあるチェーン店の飲み屋ばかり」となる。

待ち合わせた新宿三丁目の交差点横に我が社の四社カラーのクラウンが現れたのは、不機嫌な当直者に電話をしてからちょうど二〇分後のことだった。助手席側の窓を開け、左手をあげて合図をくれたのは山中修だった。

新入社員・山中修の存在を私が知ったのは、彼が豊田の指導を受けている真っ最中の時期だったから、おそらく一月のなかごろだったはずである。実地研修を終えて帰庫したところだったのか、あるいは出庫前だったのか定かではないが、どうやら山中は洗車をしようとしていたようで、五台が横に並んで洗車できる車庫の一角に営業車を入れようとしていた。すでに四台が並んでいるから、真ん中の空いているスペースに彼は入りたい。それがすんなりいかなくて、何度もハンドルを切り返していた。その動作が、いかにもぎこちなかった。

「へたくそ」

言ったのは、洗車中の私である。

黙って突っ立ってる山中修と向かい合い、「この男の前職を当ててみろ」と問われたら、八割方が「公務員」と即座に答えると賭けてもいい。「実直」に運転免許を持たせたような見た目の彼と、そうでもなさそうな私だが、職場で顔を合わせれば「おはよう」くらいは言うし短い言葉も交わす。けれど、何せこっちは人見知りだし、あっちは見るからに人づきあいがおそろしく下手そうで、そのうえ愛想なしときてる。これまで彼とはいちども会話らしい会話をしたことがなかったのは、そんな理由からだった。その山中が、きのこ採りに入った森で道に迷って熊に追いかけられ、さまよった末にここに辿り着きました、みたいな、少し引きつり気味の作り笑顔をこっちに向けていた。

「ごめん、わざわざきてもらって」

礼を言いながら乗り込み、「どんな調子?」と挨拶代わりに尋ねてみた。

「いま三万三〇〇〇円持ってます」(＝水揚げできている)

ちょっと小太り気味の山中は、黙っているときの表情は愛想なしだが、笑顔は別人だ。その別人の顔で三万三〇〇〇円と言ったのは、ここまでは調子よく仕事ができているという意味だった。

「今日は七万超えだね」

「いきますかね」

「いくでしょう。俺を送って一一時、それで四万だし、今日は七万か、うまくすりゃ八万いくよ」

私の言葉に、まんざらでもなさそうに「ははは」と笑って「頑張りますよ」と応えていたが、今日はやれそうだという手応えを彼自身も感じているのだろうと思った。日車営収がリーマンショック前の水準にまで本当に戻っているのだとしても、運転手がそれを実感できていないくらいだから、隔勤の七万は依然として簡単にあげられる数字ではない。土曜日であっても、今日、七万も八万も持って帰ってくるうちの運転手は、いたとしても、せいぜい一人か二人だろう。日付が変わってから土曜日の水揚げを記したランキング表を見れば、三番目よりは上の位置に山中修の名前が載っているはずだ。

明治通りを池袋に向かって走りだした山中は、南池袋の大ガードをくぐって山手通りにでた。このルートだと熊野町の交差点を左折して川越街道かと先を読んだが、道順を尋ねることもなく中華料理屋の先の角を曲がってショートカット。ふ〜ん、と思った。「豊田さんに教わったせいか、大手町や日本橋、銀座での仕事が多い」と話してくれたことがあった彼だけれど、タクシー運転手になって四か月、近ごろでは新宿や池袋あたりもそこそこわかってきているみたいだ。

「覚えたの、最近ですよ。いつまでも銀座ばっかりというわけにもいかないし」

長く東京で暮らしていても、言葉の微妙な発音の違いで関西出身とわかる人が多いけれど、山中は違った。大阪生まれの大阪育ちだが、彼の喋りのなかに関西訛《なま》りのイントネーションが現れることはまるでない。

彼が、一か月前の〝キミガハマ〟の一件を話しだした。社内で話題になったし、私も聞いていた。それを意識してなのか、訊ねてもいないあの話を、山中から切りだしたのだ。

「検見川浜っていう駅が千葉県にあるのを知らなかった。ケミガワハマがキミガハマに聞こえちゃって」

養成期間中の出来事だったから山中の失敗は笑い話で終わっていたけれど、あと少し先だったら、客から貰いそびれた君ヶ浜までの四万なにがしは、山中がかぶらなければならないところだった。

川越街道を走りだすと、対向車線を都心に向かって勢いよく流れる赤いランプの列が、この道をどこまで辿ってみても果てはないかのごとく続いていた。どんなに先を競ったところで客を拾える保証などあるはずがないとわかっていても、それでも焦る気持ちがアクセルを踏ませているのだ。

「土曜日なのに、だめみたいですね」

大山あたりですれ違う空車の数が、この時間帯の客の少なさを教えていると山中は言ったのだった。

環七との交差、板橋中央陸橋を通りすぎ、東新町の交差点を越えて三つ目の信号で右折ラインに入って停まった。斜め右方向に入って行くと、かつての宿場町の風情を感じさせる旧家がわずかながらも残る旧街道で、彼がどの道を通るかはお任せだが、真っ直ぐ進めば東武東上線の東武練馬駅の裏手に続く。

「タクシーは後ろの席に乗るものだと思っていたんじゃないの」

尋ねてみたのは、右折の矢印信号が青く光ったと同時くらいだった。

「まったく」

首をひねるようにして言いながら私に向けた彼の顔は笑っていたけれど、一拍置いて「タクシーの運転手をしている自分を想像したことなんて、ただの一度もなかった」と続けた。その声の調子は、軽口を叩いているふうではぜんぜんなかった。この言葉の意味を、一端とはいえ私が知るのは、それからしばらく後のこと。最終が近い東武東上線の車内でだった。

山中修と彼の奥さんの姿を見つけたのは、成増行きの各駅停車がぎゅうぎゅう詰めの乗客を大山駅でおおかた吐きだしてからである。車内がすっきりしたところで、ふ〜ッ、と声にだして溜め息をついた。目の前のシートに座り、視線を上げた先にあったのが山中の顔だった。隣の女性が彼の奥さんだとは後になって知るのだけれど、ふたりが東京ドームで行われた巨人対中日の観戦帰りなのだけは聞かなくてもわかる。ジャイアンツのキャップを被り、手に応援用のメガホンを持っていた。

ジャイアンツとは意外だね、と言ってみた。人見知りと人づきあい下手の間に張られていた厚さ二〇センチのアクリル板は、客として彼のタクシーに乗ってからこっち、会話が成り立つ程度に薄くて透明なビニールに代わっていた。

「東京にくるまでは大きな声で『巨人ファン』とは言いにくかったと山中は笑顔で返し、その言葉に、やはり笑顔をこっちに向けた奥さんが「うん、うん」と黙って頷く。揃って巨人ファンらしい。

「野球は観るだけ。自分じゃやらない」

「中学生の頃に部活での経験があるくらいで、それからは観るばっかり」

「最初に勤めた会社がスポーツ系の企業だったから草野球チームに誘われたりもしたけど、応援だけにしておきました」

「こう見えて、アウトドア派なんです」

風貌からは想像もつかないが、趣味は「学生時代からゲレンデスキーと登山」なのだと彼が話したところで各駅停車はときわ台駅に着き、「じゃあ」と最後の言葉を口にして二人が席を立つ。彼らの住まいは、去年の秋に買った新築マンションで、ときわ台駅から歩いて一〇分とかからない距離にある。

高校時代に本格的に始めたスキーはすぐに上達し、大学に入ると、スキーシーズンには長野県白馬村《はくばむら》のロッジでアルバイトをしながら白馬八方尾根《はっぽうおね》スキー場で腕を磨いた。お気に入りのウエアはデサント社のもので、大学一年の冬にそれに出会ってからというもの、デサント以外のものを身につけたことがない徹底したデサント党だった。「デサントで働く」と、すでに就職が決まっているのかと誤解されそうな口ぶりでスキー仲間に話すようになったのは、大学二年生の春ごろからだったろうか。学生が口にするその種の願望はたいてい夢物語に終わってしまうものだが、山中は、願望の半分くらいを実現している。宗旨がえしてデサントとは別の会社を選んだけれど、やはりアウトドア系の総合メーカーに就職を決めたのだ。入社日の四月一日に、日本電信電話公社が民営化されてＮＴＴになった。同じ日、日本専売公社が日本たばこ産業になった。七月に京都で古都税騒動が起こり、八月には日航ジャンボ機が墜落、女優の夏目雅子が急性骨髄性白血病で九月に亡くなった年。秋に、阪神タイガースが日本シリーズで西武ライオンズを破り初の日本一になった一九八五年（昭和六〇年）のことである。

あのまま会社を辞めずにいたら、自分はいま、どうしているだろうと考えることがときどきあるのだと山中修は言った。

希望どおりの就職だったにもかかわらず、それからわずか二年半後、山中は会社を辞めてしまう。会社には何の不満もなかった。ただ、入職者研修を終えて配属された先、営業部での仕事がどうにも荷が重く感じられてしかたがなかった。同期入社の間で「やつは、できる」と話題になる山中の仕事ぶりは、上司からも「新人としては上出来の部類」と直に声をかけられるほどだった。バブルという時代も彼の営業成績を後押ししてくれていた。けれど、素は仏頂面の、人づきあいがおそろしく下手な愛想なしである。ずいぶん無理をして、仮の姿〝営業の山中〟を演じていた。仕事をするというのはそういうことだと言われたら返す言葉もないが、働きだしてからもうすぐ二年というころには出社するのが苦痛になっていた。営業職は自分には向いていないのかもしれないと、会社に行きたくない理由を探す日々が続くようになる。里山ハイキングを勘定に入れたら月に一度は欠かさなかった山歩きの回数がどんどん減って、でかけて行っても、以前ほどは楽しいと思えなくなった。いまになって思えば、あれは鬱の初期症状だったかもしれない。冬になり、学生時代にアルバイトした白馬村のロッジに泊まった。その翌日、白馬八方尾根スキー場のてっぺん、黒菱《くろひし》のゲレンデを滑り降り、シャーッと粉雪を舞い上げて止まったその瞬間、「会社を辞める」が頭に浮かび、そうしようと決めた。登山もゲレンデスキーも楽しめなくなっている自分に気づき、もうだめだと悟ったのだった。一か月後、「一身上の都合」と記した辞表をだした。

しばらくはアルバイト生活だし、月に一度の登山が復活だなと算段したが、次の就職先が思いのほか早く決まった。〝営業の山中〟を知るかつての取引先の重役が、うちで働かないかと誘ってくれたのだ。東証一部上場の、社員一〇〇〇人を擁する中堅どころの繊維メーカーだった。職場は、営業ではなくマーケティングを担当する部署と聞いて、「お願いします」と即断した。すぐに東京に引っ越した。途中で何度かの部署変わりはあったものの、そのたびにマーケティングに舞い戻り、ありふれた市場調査から念入りな広告宣伝まで守備範囲の広い職種がかえって性に合ったのか、その道一筋でいくことになる。

山中にとっては常に順風だった繊維業界の先行きが怪しくなりだすのは、彼がそこで働きだしてそろそろ一〇年になろうかというころである。バブル崩壊から続く景気の低迷で繊維業界そのものが縮小傾向にあったのだが、そこに、中国や東南アジア諸国から安い製品が大量に入ってくるようになった。影響は長期におよび、回復の兆しが見えないままさらに一〇年が過ぎたあたりで、こんどはサブプライムローン問題、リーマンショックと続く巨大な暗雲がわきあがった。それが繊維業界にも重く覆い被さってきて、二〇〇九年になると、プロレスにたとえるなら、いま、自分の会社がスリーカウントを取られそうになっていると社員の誰もが感じるようになった。業績の悪化は業界全体におよんでいる。繊維大手は積極的なM&Aなどで生き残りを模索していたが、中堅どころは後手にまわった。業界にリストラの嵐が巻き起こり、勤続二〇年で若くして部長職にあった山中修には、関連会社への出向が命じられたのだった。部長待遇の統括支店長としての出向だが、要は、体のいい肩叩きである。歳からしたら、いまの自分にはまわってこないと高をくくっていた肩叩きだけに、意外だった。

大所帯の繊維会社で部長職に就いていた彼に与えられた新たな職場は、マーケティングでの二〇年間の経験など少しの役にも立たない、もっぱら衣料品の搬送を請け負う社員三〇〇人に満たない運送会社だった。年収は二〇〇〇万円ほども下がったが、そのかわりに、登山とスキーにでかける時間だけはいくらでも都合がついた。それからわずか一年半後（二〇一一年）、山中修は会社を辞めている。関連会社が全体として募集した管理職対象の早期希望退職に、彼は真っ先に手をあげたのだ。

鏡

二〇一三年四月一〇日

オレンジ色の回送表示を点けたタクシーが、夜の終わりと朝の始まりの隙間をうまい具合に縫うようにして帰庫してくる。

タクシー会社にしては広くない敷地に営業車を洗うスペースは横一列に五台分しかなく、道路際とそのとなり、二台分が洗い屋の定位置なのはいつの間にかできあがった暗黙のうちの決まりごとである。そもそもと辿れば、洗い屋は免停で仕事にでられなくなった運転手が現金収入を得る手だてとして始めた副業なのだけれど、北光自動車には、現役の運転手でありながら、本職を早めに切りあげて、あるいは公休日に会社にやってきて洗車に精をだす四、五人がいる。一台洗って千円。ときには日に一〇台も洗う猛者もいて、彼の場合は、タクシー運転手としての稼ぎは人並みに遠くおよばないが、それと同じくらいの金を洗車で稼いでしまうのだから、こうなると、どっちが本業だか副業だか本人ですらわからないかもしれない。道路際のそこで、専用の石鹸をつけた洗車ブラシを小器用に使ってタイヤを洗っているのは、まさに、その張本人である。あと一時間もすれば、隔勤やナイトの仕事を終えた連中が、朝に追い立てられるようにして一〇分と間を置くことなく戻ってくる。今日の洗い屋は二人しかいないから彼が受け持つのは半分として、七時か、遅くとも八時までにはぜんぶやっつけたい。黙々と洗車ブラシを使う手が、いつもより忙しく雑に動いているのはそれが理由だろう。

磯辺健一は、その日の最後の仕事を洗車屋に任さず、自分で営業車を掃除する運転手のひとりである。古きよき時代を経験している運転手は、営業を終えて帰庫したら、相番への礼儀として洗車をするのが当たり前と先輩から教え込まれてきた。私にも覚えがある。どんなに大雨が降っていようが帰庫したら雨で汚れた車体を水洗い。ひとたび車庫をでたら雨に打たれるのに、それでもぎゅっと絞った雑巾での拭き取りが、いかに不合理でも鉄の掟だった。その習慣がいまも抜けない。磯辺が洗い屋を頼らないのもそういう理由からだと、聞かずともわかる。

いつもの磯部健一なら要領よく営業車の掃除を済ませさっさと帰宅している時間だが、どうしたわけか途中で洗車を放りだし、自販機の横の灰皿を挟んで、いつもどおり洗い屋に最後の仕事を投げた豊田康則と話し込んでいた。営業を終えて戻り、あとは売上げの入金と洗車を済ませれば一日の仕事は完了だが、ダッシュボードの上に一〇〇〇円を置いて、最後の仕事のひとつを洗い屋にまる投げする運転手は多く、ナイト仕事を終えたばかりで脊柱管狭窄症の大手術でも治らなかった腰の痛みが三割増の豊田は、いつだってそうしている。洗い屋の誰かに声をかけておきさえすれば、フロアマットもタイヤも窓ガラスも、ひと通りきれいに仕上げ、終われば、決まった場所に移動しておいてくれるという手はずになっているのだ。

「ドアミラーってのはタクシーには向かないね。やりにくくってしょうがない」

磯辺健一は、私の顔を見るなりそう言った。てっきり千葉県のどこぞの漁港から釣り舟で沖にでた日の釣果を披露するものだと決めてかかっていたものだから、少しばかり拍子抜けのひと言だった。彼の釣り好きは高校生だったころの川釣りからだというが、二一歳でタクシー運転手になって、いったんは釣り断ちをしていた。早く一人前の稼げる運転手になるのが先決だとの理由からだった。それが復活したのは三〇歳を過ぎてからだと聞いたが、月に二度三度と千葉の漁港に通い詰めるようなったのは、子どもたちが独立し、タクシー運転手として必死に稼がなければならない事情が消えたここ数年のことである。洗車をすませた磯辺の口から、「これから千葉だ」や「きのうは鯛が」と聞くのはしょっちゅうだが、磯辺と豊田が話し込んでいたこの日のお題は、磯辺がまだ三乗務しかしていない新車のセドリックについてだった。どこのタクシー会社でも黒塗り（＝ハイグレード車）の数は保有車両のうちの一部だけと割合が決まっていて、北光のそれは、三九台のうちの五台。担当する運転手はベテランのエリートドライバーというのが相場だが、北光では、ベテランのうるさがたにおまかせで、磯辺がその一台に乗っている。つい最近、彼が乗る黒塗りが代替えで新車になった。来年の秋には生産終了が決まっているタクシー仕様のニッサン・セドリック。グレードはクラシックＳＶで、オリジナル、カスタム、スーパーカスタム、クラシックＳＶとある四グレードのうちの最高ランクである。二〇一二年型だが、ここにきてのマイナーチェンジで、サイドミラーが、フェンダーミラーからドアミラーに変更されていた。納車されてきた新しいセドリックを見て、これはだめだろ、と思った。営業車にドアミラーなんてと昔気質の運転手なら誰しも思う。ミラーの位置が少し後ろに下り、「前」の「下」に見える範囲がわずかに消えたところで運転に支障がでるわけでもないが、タクシー運転手の感覚は、無意識に、フェンダーミラーを照準器のような、重石のような、あって当たり前の安心感の象徴と捉えている。それがなくなったのだから違和感は強く、タクシー運転手としての経験が長いほどそう感じるようで、磯辺健一は「やりにくくってしょうがない」のである。

「最近、早いんじゃないの」と、磯辺は、思いだしたように私の早朝出勤のわけに話を振った。七時をだいぶ過ぎてからでないと出勤してこない私が、ここのところ六時前には会社にきているのは賃率が変わったせいだった。

リーマンショックからこっち、水揚げの落ち込みに歯止めがかからず、北光自動車では運転手の難儀を救済する措置として足切り額を三万円に下げていた。ところが、去年暮れにきて日車営収が四万九七七五円にまで回復し、ならば、と、足切りを従来の三万三〇〇〇円に戻したのだ。実のところは、回復したのではなく、日車営収が五万円近くにまで上がったのは、一二月だったからである。前の月（二〇一一年一一月）のそれは四万五一六九円だし、年明け一月は四万三二七〇円に逆戻りしている。それでも足切り額は上がった。一日の稼ぎが足切りに届かず、それが実働一四時間未満での結果だと、その日の仕事は欠勤扱いで、運転手の取り分は三〇パーセントにしかならないという意味である。この、隔勤の足切り変更に続き、日勤の賃率も変更されている。これまでは水揚げ四〇万円で六〇パーセントだった運転手の取り分は五五パーセントに下がり、六〇パーセントをもらうには月の水揚げが四五万円なければならなくなった。わずか五万円の差だが、これが、でかい。隔勤やナイトでなら水揚げ八〇万円だってできなくはないが（私には無理だが）、昼勤は、腕がそこそこよくたって、このご時世ではせいぜい五〇万円。一万円を超えるロングの客を一乗務のうちに何度か乗せて形勢逆転、みたいなラッキーは昼勤では転がり込んでこないから、最大で二五乗務できたとしても、平均二〇〇〇円の水揚げアップには早朝の客を狙うしかない。それが六時前出勤の理由だった。日本武道館で日大の入学式が、東京女子医大で看護学校の入学式があったのを通りがかりに目にしたのは二日前である。その日は都内のあちこちの学校で入学式があったようで、それらしい親子を何度も乗せることができたおかげで水揚げは二万八五七〇円（税込み三〇〇〇〇円）、一二一キロ走って実車率は五一パーセントを超えていた。このペースなら隔勤なみの水揚げ七〇万円だが、きのうは一二六キロ走って一万八〇五〇円。実車率は三一・七五パーセントである。日報の端に「今日も、びっくりするほどヒマ。円安も株価一万三〇〇〇台も、タクシーまではまわってこない」と書き込んだ日にいたっては、一〇五キロしか走れずに、実車率はわずか二〇パーセント。水揚げは九三二〇円でしかなかった。

去年まではほとんど九〇〇〇円台で推移していた株価は、今年に入って半年も経たないうちに一万三〇〇〇円台をつけるところまでに上がっている。アベノミクス効果だとか円安が進んだせいだとか新聞は書いているが、運転手には日車営収が回復傾向にあるとの実感がまるでない。

それを指して「タクシーがだめなうちは、まだ本物じゃない」と磯辺は言った。生来の性分のせいか、あるいはタクシー業界に身を置いた時間の長さに等しい事情通のせいか、磯部の言いようは、自分の身に火の粉が飛ばないのを承知の評論家が残酷な現実を冷徹に語るかのようでもある。

タクシーは「鏡みたいなものだ」と磯辺は言った。タクシーは車窓に世の移り変わりを映し、そのなかで翻弄される人の姿を映していると磯辺は言った。

「新入りの山中修にしても、豊田さん、あんたにしてもそうだよ」

「極端に言ったらさ、フロントガラスの向こうに日本が見えてるんだと俺は思うよ」

＊1　第二次世界大戦中、東京のタクシーは四社に集約され、それぞれの社名は、「大日本帝国」にちなんで「大和」「日本」「帝都」「国際」とした、との説がある。

＊2　一九七八年に三九・二歳だったタクシー運転手の平均年齢は一九九五年に五〇歳を超えた。以降、平均年齢は上がり続け、二〇一六年には五八・六歳に。翌年、初めて平均年齢が五八・四歳に下がり、二〇一八年は五八・二歳。運転手を年齢層別に見ると、もっとも多いのは六〇歳以上。四〇歳以下は全体の一割に満たない。

＊3　車両のグレードによるが、運転手は、月に二〇万円とか二五万円とか、一定の金額を会社に納め営業車を借り受けるシステム。ガソリン代、タイヤ代、故障時の修理費から車両に貼るステッカー代に至るまで、一切合切が運転手負担（会社によって多少の違いはある）。不景気で水揚げが減ろうと燃料代が高騰しようと、基本的に会社が負うリスクが少ないのがリース制。

＊4　交通事故発生件数の減少に伴い、事業用自動車（トラック、バス、ハイタク）の事故も減少を続けてきた。一九九三年に発生した四万五八四〇件を指数一〇〇としたとき二〇〇〇年のそれは一四四まで上がり高止まりを続けたが、二〇〇七年になって減少傾向に転じ、二〇一一年には一〇七に下がっている。しかし、トラック、バス、ハイタク別に交通事故発生状況を見ると、二〇一一年のトラックの指数は一〇〇を下回り、バスも指数一〇〇。ハイタクのそれは一二八だった。トラックとバスの事故の減り方に較べ、ハイタクの減り方は明らかに小さい。山中修がタクシー運転手となった年、タクシーがらみの事故は多発していた。

＊5　一九九二年、東京のタクシー運転手の平均年収は五七〇万円だった（東京都の全産業男性労働者の平均年収は六四二万円）。平均年収は年を追うごとに下がり続け、私が北光自動車交通で働きだした二〇一〇年のそれは三四八万円（同六三四万円）。一八年で二二〇万円も下がり、全産業男性労働者の平均年収との差は七〇万円から二八八万円に開いた。その後は日車営収の上昇にともない平均年収もアップし、二〇一八年には四七〇万円にまで回復している。

東京　二〇一九年

おりか家の女主人がその店を自宅の近くに開いたのは、熟慮した計画の末ではなかった。駅前の商店街を外れ、かといって住宅街でもない場所に「貸し店舗」の札が下がったそこを通かかったとき、唐突に、ここで店をだしてみたいと思い立ってのことだった。看板には「大分家庭料理」と謳い、謳うからには、料理だけでなく、酒も大分県のものを揃えた。店内に並べた焼酎のボトルは大分県産を中心に九州のものばかりだし、一銘柄だけ置いた日本酒、ちえびじんの蔵元は、彼女のふるさとから遠くない、大分県杵築市にある。

東武東上線、東武練馬駅の北口を降り立った人の波は、駅前通りの左右に並ぶ飲食店の先に建つイオン板橋ショッピングセンターに向かって歩きだす。波の半分が巨大スーパーに飲み込まれ、あとの半分は交差点で三方に分かれ消えていく。路地に一歩入れば、そこは駅前の賑わいとは無縁な、商店街と住宅街をつなぐ緩衝地帯に姿を変え、もしかすると、それが逆に、おりか家の存在を引き立てる効果を果たしているのかもしれないと思う。二〇分で一〇〇円のコインパーキングは、格安ぶりのせいか電光板の赤い文字がいつだって「満車」を表示している。

一年半前、おりか家のオープンを知った私はすぐに開店祝いの花を送っているが、しかし、それっきりで、初めて店を訪れてみたのは、この日、二〇一九年一二月のなかばである。ランチタイムだった。店は、コインパーキングの向い、白い三階建ての地階にあると聞いて、想像したのは「一〇人も入ればいっぱいになるカウンターだけ」だったから、店内の、思いのほかの広さに驚いたのだった。

押しかけた客は目当てのランチを済ませると早々に職場に戻り、昼の営業時間が終わりかけているおりか家の店内に残ったのは、奥のテーブルに陣取って焼酎のボトルを静かに囲む高齢の四人組と、カウンター席の私だけになっていた。

女主人がカウンターの上に無造作に置いた黒革の財布に染み込んだ年季は、そこに込めた彼女の思い入れの深さに等しいのかもしれない。それは、彼女が東京で暮らしだして一年ほどしたころ、新たな生活のなかで初めて自分だけのために買った一品だった。言ってみれば、農家の生活に決別を告げる意味を持つ記念の品で、当時の彼女には高価な、一万五〇〇〇円の財布である。

おりか家の女主人、藤枝香織が、生まれ育った地、峰田市峰田西町をでて東京に移り住んだのは二〇〇八年一〇月のことである。

その日、羽田空港に到着した香織を、かりそめの形であるにしても離婚した彼が迎えにでていた。タクシーの日車営収は下降線を辿りだした時期ではあったけれど、前の月の彼の水揚げは一〇〇万円ほどあり、税込みの給料は六〇万円にもなっている。農業時代の彼からすれば天と地ほども違う収入で、タクシー運転手として一〇か月、それなりになった姿を見せたかったのか、営業車で空港に乗りつけ、自腹で香織を乗せて省東自動車の家族寮がある板橋区へと向かったのだった。

東京にでてきたその日からさんざん世話になった営業部長、法師誠也が、それから二年後、定年で退職した。それを機に、彼も省東自動車を辞めている。東武東上線の駅にして上板橋のひとつ先、東武練馬の駅から歩いて一〇分とかからない距離にある北光自動車交通に移ったのは二〇一〇年のことだ。住まいも職場近くに引っ越している。香織と彼は元の鞘に収まり、二度目の婚姻届を板橋区役所に提出した。そして二〇一七年六月、香織が、おりか家をオープンする。

奥のテーブルの四人組は、もの静かな酒宴をいっこうに切り上げる気配がない。香織は、ときおりそこに視線をやり、「それで?」みたいな表情を私に向けた。新人運転手時代の山中修がキミガハマまで走ってしまった失敗談を黙ったまま聞き終え、黒革の財布に手をおいた。

「タクシーって、鏡みたいですよね」

彼女はそう言った。それは、私がまだ北光自動車の運転手だったとき、自販機の横の灰皿を囲んだ豊田康則と私を前にして、磯辺健一が言ったのと同じ言葉だった。

その日の深夜、久しぶりに北光自動車交通の事務所を訪れ、豊田康則に会った。

タクシー適正法・活性化法の施行(二〇〇九年一〇月)から先、東京では、業界をあげてタクシーの減車に取り組みはじめていた。けれど、北光自動車交通は、減車の対象となるのは「保有する営業車両が四〇台以上」と決まったおかげで、最終的には、業界のこの動きに関しては蚊帳《かや》の外にいることができた。北光の三代目、武藤雅孝は、そこに事業拡大への道を見つけている。御法度の増車ではなく、おりからの不況による業績不振で廃業の道を選んだ小規模の同業者を買い取った。増車とは別の方法で事業規模を拡大したのだ。そうして一〇年後、営業車も運転手も、その数は当初の二・七倍以上になり、震度5の地震を考えたくもなかった手狭な事務所での仕事は新社屋に場所を移すまでになっていったのだった。

二〇一九年一二月一三日、日銀は「大企業・製造業が4四半期連続で悪化」と短観を発表するのだが、その日の夕方のニュースは、日経平均株価の終値が今年最高値の二万四〇三二円をつけたと報じていた。米中の貿易協議が大筋で第一段階の合意に達しただの、イギリスの総選挙で与党保守党が過半数獲得の勢いでEUからの「合意なき離脱」への不安が和らいだだのが背景にあるのだという。景気は後退しているのか、それとも杞憂なのか、素人判断を下すには難しそうなふたつの相反する報道だけれど、いずれにしても、タクシーの日車営収が大幅に落ち込む気配はない。東京タクシーセンターの発表によれば、二〇〇九年に四万一一四八円にまで落ちた日車営収（年平均）は、二〇一七年に五万円台にまで戻し、二〇一九年三月のそれは五万三三一一円にまで上がってきていた。この数字は、怠けずに仕事をしてさえいれば、誰でも彼でも、月の水揚げが「少なくとも六五万円になる」を意味していた。松や竹の運転手がその気になれば、八〇万でも九〇万でも、もしかすると一〇〇万円だって可能かもしれない。日車営収五万三三一一円には、そういう意味がある。

日付が一二月一五日に変わる直前の、土曜日の深夜である。豊田康則は、四つ並んだ事務机の端に何やら書類の束を載せ、この日も夕方からの宿直業務に入っていた。彼は、定時制の運転手として週に一度か二度の乗務をこなし、週末は事務所で寝ずの仕事に就く生活をいまも変わらず続けている。変わったことといえば、会社の規模が大きくなったのと二〇一三年五月に私がタクシー稼業から完全に引いたのを別にすると、工場長の中邑裕貴が運転手を降りて車両管理に専念するようになり、あとは、豊田康則の名が、香織と復縁して藤枝康則に戻ったことくらいだろうか。

「おりか家でランチを食べたよ」

声をかけると、例の破顔を向けた彼が、「うん、香織から聞いた」と応えた。

白木のカウンターに置かれた水揚げランキング表のいちばん上は、一二月一三日、金曜日のもので、時節柄、売上げは、全体として二割から三割増しと見なければならないにしても、営業にでた八五人の運転手のうち、上から数えて一〇番目までが九万円を超えているのには驚いた。藤枝康則の名は三一番目にあって、売上げは隔勤なみの六万七四一〇円。ナイトの運転手二〇人のなかではトップの数字である。山中修と磯辺健一も六万五〇〇〇円を持って帰っていた。

「リーマンショックで最悪だったあの頃とは、いまは世の中の状況がぜんぜん違う」

藤枝康則はそう言った。

追章

新型コロナウイルスと
五輪延期

東京 二〇二〇年

緊急事態宣言

二〇二〇年四月一六日

事務所の灯は消えていて、出払っているはずの営業車が詰め込まれるようにして並ぶ車庫にも灯はない。タクシーには稼ぎどきの金曜日の夜だというのに、薄暗いそこと道路を仕切る出入り口の両端を、だらんと弛んだロープが結んでいる。この様子を目にしたら、事情を知らされていない通行人でさえ「新型コロナウイルスの感染拡大に追い込まれた休業」と察しがつくだろう。

いつもなら九〇人近くが営業にでているのに、四月一五日に出勤した運転手は五一人だけだった。走ったところで、どうせ客なんていやしない。そんな思いで休んだ運転手が全体の三分の一もいたせいだ。五一人の営業成績を記したその日のランキング表の、トップ10には山中修の名が載っている。上位一〇番目だというのに、水揚げは、日勤運転手の平凡な成績にも及ばない二万円ちょうど。山中と同じく隔勤の磯辺健一の成績は一四番目で一万七五三〇円、ナイトの藤枝（豊田）康則は一九番目、水揚げは、全運転手の平均とほぼ同額の一万四八五〇円だった。一万円に届かなかった運転手が一二人もいて、ワースト3はたったの二千円台というありさま。わずか四か月前、二〇一九年一二月は、トップ10までの水揚げが九万円台で、順位が四〇番でさえ六万円を超えており、出勤した八五人の運転手の水揚げの平均が五万八〇〇〇円台だったのとは較べようもない落ち込みである。北光自動車交通が、保有する営業車一〇七台を一斉に止め、一か月間の予定で休業に入ったのは、その翌日、安倍首相が、それまで七都府県を対象にしていた「緊急事態」を全国に拡大すると宣言した日のことだった。

「コロナ騒ぎで目に見えて水揚げが落ちていたけど、小池都知事が『ロックダウン』を口にしたとたん、翌日からの状況は惨憺たるものだった」

休業を決断した北光の若社長、武藤雅孝は、「なにしろ客がいないんだから、もうどうにもならないよね。トップが二万円なんだもの」と、投げやりとも映る笑いを交えて話すのだった。

TOKYO 2020 二〇二〇年八月一日

ＪＰＮ ＴＡＸＩ（ジャパンタクシー）は、トヨタ自動車が二〇一七年に登場させたユニバーサルデザインの、車椅子のまま乗り込めるタクシー専用車で、東京では、オリンピック・パラリンピックに合わせ全タクシーの三分の一にあたる一万台にまで増やすのだという。北光自動車交通は九台を導入していて、そのうちの一台を担当する運転手が西山伸一《にしやましんいち》である。彼が乗るＪＰＮ ＴＡＸＩには、横の長さが三〇センチほどある楕円形のステッカーが貼ってある。〈ENGLISH CERTIFIED DRIVER〉と記されたそれは、東京に七一〇人（二〇二〇年八月二一日現在）しかいない外国人旅客接遇英語検定に合格したタクシー運転手の証である。東京オリンピック・パラリンピックの開催を控え、これまで以上の増加が見込まれる訪日外国人観光客へのサービス向上を目的に東京タクシーセンターが二〇一七年二月から実施している認定制度。西山伸一は、北光自動車交通で、唯一、この検定に合格した証を、営業にでるたびに貼るのを認められている運転手なのだ。

「英語、流暢なんかじゃないですよ」

四四歳なら北光では〝若手〟に数えられる西山伸一は、歳よりもずっと若く見える童顔で、丸刈りの頭と丸顔が、彼の笑顔を印象的に温厚に映す。要は、かわいい顔なのだ。一八歳の頃から格闘技にのめり込み、フルコンタクト空手を手始めにボクシングにも打ち込んでいたと聞いていたから、強面《こわもて》を予想したが、実物はまるで違っていた。その人懐こい笑顔で口にした「流暢なんかじゃないですよ」は、照れや謙遜が言わせているのではなさそうだった。外国人旅行者が、乗り合わせたタクシーの運転手に尋ねそうなことやその返答のモデルを反復して覚えているに過ぎないと彼は言うのである。

緊急事態宣言が解除され、イオン板橋ショッピングセンターの入り口横、スターバックスは営業を再開していたが、しかし、店内のテーブル席は取り払われ、座るべき椅子は、窓に面したカウンター席が数人分あるだけだった。日勤を終えた西山は、制服姿からは想像もつかない半袖の開襟シャツと短パン姿で現れ、スタバの店前にソーシャルディスタンスとかいう距離を置いて並べた白いテーブルにつき、「休業明けからは、隔勤もナイトもなくなりました。夜は客なんていないから、しばらくは全員が日勤です」とコロナ禍に振りまわされるタクシー事情を話しだす。

本当なら、いまの時期、ENGLISH CERTIFIED DRIVERのステッカーを貼った西山伸夫のJPN TAXIは、羽田空港の国際線ターミナルと都心を、もしかすると晴海の東京オリンピック選手村を、日に何度も何度もピストンしているはずだった。羽田空港の乗り場には客待ちのタクシーが殺到し、花番まで二時間待ちの覚悟が必要だが、国際線ターミナルのタクシー乗り場には、ステッカーを車体に貼った認定ドライバー専用のレーンが設けられている。近ごろは認定が増えて、待ち時間なし、とはいかないにしても、それでも、東京全体で七一〇人なのだから、乗り場での受給バランスは悪くはあるまい。コロナ騒ぎがなければ、当初の予定では、東京オリンピックの開催は七月二二日から八月九日、パラリンピックは八月二五日から九月六日、その間の西山は、羽田空港の国際線ターミナルに入り浸りのはずだったのだ。

外国人と会話するのが好きだからというわけではない。彼の妻が高校の英語教師だというのも理由ではない。外国人旅客接遇英語検定を受けたのは「効率よく仕事をしたい」からなのだと彼は言う。

「合理主義なんですよ」

童顔の笑顔で、西山伸一は言い、笑顔に混じって表れる一瞬の目の輝きに、負けず嫌いを映していた。

「タクシーって、要は、センスじゃないですか」

鰻重なら松竹梅の松、それよりさらに上、特上の松の運転手が言いそうな言葉を、西山伸一は、こともなげに口にした。


アントニオ猪木が、ボクシングの世界ヘビー級チャンピオン、モハメド・アリと日本武道館で闘った年、田中角栄元首相がロッキード事件で逮捕され、アメリカが参加をボイコットしたモントリオールオリンピックで日本が二五のメダルを獲得し、ロバート・デ・ニーロの映画『タクシードライバー』が公開されている。西山伸一が、上に女三人の四人姉弟の末っ子として東京、中野区で生まれたのは、この一九七六年の六月のことだ。地元の工業高校を卒業してからは、アルバイトで稼ぎながら格闘技とボクシングにのめり込み、その特技を生かし、スポーツクラブのインストラクターとして働いた時期もある。正社員としての初めての就職は、まるで畑違いのウェブデザイナーだったが、座りっぱなしは性に合わず、すぐに退職した。ボクシングを続けながらのアルバイト生活に逆戻りし、次の職場はバイク便の自動車部門だった。都内を走りまわった。そして、三四歳のとき、タクシー稼業に身を転じている。新人タクシー運転手にとっていちばんの厄介ごとは東京の地理不案内だが、バイク便の経験から、彼に、その心配はなかった。

タクシー運転手の年収がおよそどれほどかはわかっていた。平均年収は低くても、運転手の収入は振れ幅が大きいのも、なんとなくわかっていた。要は〝平均〟じゃない。頑張れば稼げるはずだ。個人タクシーならなおさらで、年収一〇〇〇万円もいけそうだ。そんな確信があってのタクシー稼業だった。

バブル崩壊からこっち、低迷を続ける日本経済に追い打ちをかけたリーマンショックは「百年に一度の不況」をもたらし、二〇一〇年の東京のタクシーの日車営収を四万一〇〇〇円台まで、五月にはそれを三万九〇〇〇円まで落ち込ませていた。運転手の平均年収は、東京都の全産業男性勤労者の平均年収より三〇〇万円も低く、ここ二五年で最低だった前年をさらに下まわる三四八万円だった。省東自動車を辞めた五九歳の豊田康則が北光自動車交通に移った年である。「運転手の高齢化に歯止めがかからない」と業界紙が書き、六〇歳以上が全運転手の四八パーセント以上を占め、三〇歳代は、全体の六パーセントほどでしかなかった時期、東日本大震災が起こる一年前、日本交通グループに加盟したばかりの陸王交通株式会社に入社した西山は、タクシー運転手としてのキャリアを、この老舗タクシー会社でスタートさせている。自分の父親と同年代の運転手が圧倒的に多い職場だが、それを「先細りの業界」とは捉えず、「年をとってもやっていける仕事」と考えた。一〇年後の「個人タクシー」を見据えて飛び込んだタクシー稼業だったのである。

東京のタクシーは月に一二勤の隔勤が主流だが、西山は、いきなり、ナイトの運転手として働きだした。夕方から深夜、明け方近くまで、一時間の休憩を挟んで走りまわるナイト。稼ぎどきの時間帯だけを月に二四勤するのだから、豊田康則がそうであるように、隔勤以上に売上げは伸びる。西山の稼業一年目の年収は七〇〇万円だった。タクシーで稼ぐのが難しかったあの時期、彼の年収は七〇〇万円を超え、二年目も同じだけ稼いだ。西山伸一は、特上の松だった。

水揚げを伸ばすうえで営業回数や実車率を重視する運転手が多くいるなか、西山は、時間単価に重きを置く運転手のひとりである。一時間でどれだけ稼げるか、単価を上げるには効率が必要で、それを実現する働き場所は銀座だと考えた。ただし、夜の銀座には乗禁地区が定められていて、JR線の高架を境に、晴海通り、外堀通り、中央通りに囲まれた銀座五丁目から八丁目までのそこでは、決められた一〇か所のタクシー乗り場からしか客を乗せるのは許されない。タクシーセンター職員が常に監視の目を光らせている。乗禁違反は、その場で「指導」という名の摘発を受け、ペナルティは、運転手本人だけでなく所属のタクシー会社にまで及ぶ。効率重視の西山は、一発狙いの空車が殺到する指定のタクシー乗り場に付けることをしなかった。乗り場へと続く空車の大行列の一員になるより、乗禁地区の直近の外側を流した。目標は、一時間当たり六〇〇〇円。夕方五時半に出庫して、体力にものを言わせて朝まで走った。

「センスに長けた特上の松は、努力も惜しまない運転手。だから年収八〇〇万円を達成できる。でも、僕は努力しなかった。体力とセンスだけで仕事をしていた。だから七〇〇万円どまりだった」

銀座から客を乗せたら、どこに行っても、首都高でまっすぐ銀座に戻った。ロングの客を狙うのはマグロの一本釣りみたいなもの、だと彼は言う。ただ体力とセンスだけで、日車営収四万円の時期、月に一〇〇万円以上を水揚げしていたのだとも言った。その西山が、職場環境を変えてみたいと考えるようになったのは四〇歳になった頃である。六年続けた陸王での勤務が気分転換を求めたのかもしれない。ただ、新たな職場を探すにしても、どうしても外せない鉄則がある。「大手四社のどこかに属しているグループ会社」で「ナイト勤務」。この二点だけは外せない。夜の銀座では四社の看板の威光を少なからず実感していたし、効率良く稼ぐにはナイトであり続けなければならなかった。四社のうちのひとつ、大和交通グループに名を連ねる北光自動車交通の運転手で、陸王時代のかつての同僚に誘われた。二〇一六年のことだ。外国人旅客接遇英語検定を受け、ＥＮＧＬＩＳＨ　ＣＥＲＴＩＦＩＥＤ　ＤＲＩＶＥＲのステッカーを手に入れるのは、それから三年後、二〇一九年の夏である。一年後に迫った東京オリンピック・パラリンピックでの訪日外国人客の増加を見据えていた。その一方で、特上の松だった彼の稼ぎは、北光に移ってからは並みの松で安定するようになり、年収は六〇〇万円を切るまでに落ちている。腕が鈍ったわけでも妻の稼ぎを当てにしたわけでもなく、ぐんと下がったのは〝一〇年後の個人タクシー〟が現実味を帯びてきたからだった。体力まかせに働いて、事故や交通違反で個人タクシーの免許を取得するための受験資格を失うリスクを負うのは御免だ。そう算段した。

感染拡大

二〇二〇年二月二三日〜

二月になっても、なんだか調子が上がらなかった。持って帰ってくる売上げが、まるで四万円に届かない。年末の大忙しと〝暇な一月、二月〟は昔からの通り相場で、二月も後半になると持ち直しの気配が見えてくるはずなのに、繁華街の様子が違っている。絶対に気のせいなんかじゃない、街行く人の姿が明らかに少ない。

一出番で確実に四万円を持って帰ってくれば、何度かこける日があるのを想定しても、目標の一か月八〇万円の水揚げは確保できる。タクシー運転手としての西山伸一の才能の一端は、出番ごとの「四万円」を実際にやってみせるところにも表れている。先発投手が、肩を温存しながら一五五キロの速球を九回裏まで投げ続ける離れ業をやってのけるようなものだ。投げようと思えば一六〇キロだって容易に投げられるけれど、投げない。一五五キロで完投する。去年の暮れ、トップが一〇万円を超え、出勤した運転手の平均が五万五〇〇〇円を超えた時期でさえ、彼は一六〇キロを投げず、四万三〇〇〇円で帰庫していた。営業回数は九回、この数字は、二万円以上の水揚げを持って帰ってきた八〇人の運転手のなかでもっとも少なくて、その一方、一時間当たりの水揚げは、出勤した八三人のなかでもっとも多い五八二一円だった。合理主義、効率よく仕事をしたい、時間単価を重視する、を口にする西山は、実際に、一貫してそのとおりの仕事をしていた。ところが、二月の半ばを過ぎたあたりから、センスも合理主義も、まるで通用しなくなった。なぜなのか、うすうすはその理由に気がついていた。乗客の感染が確認されたクルーズ船『ダイヤモンド・プリンセス号』が横浜に寄港した二月三日以降、メディアは連日の大報道で、それを目にしながら、西山ばかりでなく、タクシー運転手の多くが異変の理由に気づいていた。コロナのせいだろう、と。

〝二月後半の異変〟とコロナがはっきりと結びついたのは、日にちを特定するならば、二月一七日だったと言っていいかもしれない。天皇誕生日の一般参賀を中止すると宮内庁が発表し、およそ三万八〇〇〇人が参加予定だった東京マラソンの規模縮小が決まり、一般ランナーの参加不可が発表された日である。

三月に入るや、半世紀近くも前のオイルショック当時を想わせるトイレットペーパー騒ぎが起こり、マスク騒動が始まり、二月後半まで二万三〇〇〇円台で推移していた日経平均株価が急落を続けたあげく一万六〇〇〇円台に落ちたのは、新型コロナウイルス感染症対策専門家会議が「感染拡大地域では自粛検討を」の提言をだした一九日のことだった。プロ野球とJリーグの開幕延期に続くようにして、センバツ高校野球の中止もすでに決定していた。小池百合子都知事の「ロックダウン」発言が飛びだし、水揚げが転がり落ちていく。東京オリンピック・パラリンピックの延期が発表されたのは、その翌日。志村けんさんが亡くなったのは、それから五日後だった。この段階で、確認された感染者数は全国で一一二八人、五二人が亡くなっている。西山の出番は直後の三一日、水揚げは一万一八四〇円に落ちた。

もうだめだと思った。本来なら、一晩に二五〇キロ前後を走り、時間単価六〇〇〇円前後の水揚げを確保している西山が、八〇キロしか走れず、時間単価は三六〇〇円。他の運転手たちの千円台、二千円台のそれに較べればましだが、この先、日を追うごとに稼ぎが減っていくのは想像がつく。感染は拡大するいっぽうで、安倍首相が緊急事態をいつ宣言するのか、メディアが注目していた。夜の銀座には目当ての客はいない。羽田空港の国際線ターミナルを覗いてみたところで訪日外国人がいるわけもなく、それでもENGLISH CERTIFIED DRIVERのステッカーをJPN TAXIに貼って走りだす。国内の感染者が五〇〇〇人を超えたのは四月九日、死者が一〇〇人を超えたのは四月五日、人の姿が消えた夜の繁華街に向けて走りだした西山は、四〇キロ走っただけで尻尾を巻いた。得意のボクシングなら、さしずめ、試合が始まったとたん一〇秒でKOされたミドル級チャンピオン、西山伸一といったところだろうか。水揚げは、本調子の一〇分の一にもおよばない三六二〇円だった。

四月一六日、安倍首相が「緊急事態」を宣言した。人々が、当たり前のように「自粛」を口にするようになっていく。

政府の四月の月例経済報告が、「景気は、新型コロナウイルス感染症の影響により、急速に悪化しており、極めて厳しい状況にある」と判断を示したのは、俳優の岡江久美子さんが亡くなった日の翌日だった。

客足戻らず

二〇二〇年九月一八日

一か月と少し前に安倍首相が宣言した緊急事態。それが解除された日、東京で確認された新たな感染者は十人だった。北光自動車交通の一斉休業は、すでに一週間前に明けている。けれど、街の様子は休業前と少しも変わっていなかった。繁華街は、どこも無機質に沈んだ街に姿を変えたままで、煌々と輝くネオンだけが虚勢を張っている。夜は、走りまわったところで客なんていやしない。隔勤もナイトもなく、在籍する一七〇人の運転手すべてが日勤をするようになっていた。

景気は急速に悪化していると月例経済報告が判断を示し、ＩＭＦは、世界経済を九〇年前の大恐慌なみの不景気と予測していた。それなのに、株価が上がっていくのが不思議だった。感染拡大で一万六〇〇〇円台まで急落した日経平均は、オリンピックの延期決定を受けてさらに下落すると思われたけれど、そうはならず、その日のうちに上昇に転じている。持ち直す要素なんてどこにも見当たらないのに、それでも持ち直した株価は、六月にはコロナ前の水準にまで戻したのだ。東京新聞が、世の実態をまるで反映していない「株価Ｖ字回復の怪」を書いたのは六月一二日だった。

いったんは一桁台に落ちた東京の一日の感染者数は、またすぐに増加し、七月二日には一〇〇人を超えている。日銀が「リーマンショック以来の低水準」と六月の短観を発表し、緊急事態宣言の解除後も「宿泊・飲食サービスに客足が戻らない」とメディアが報じた日のことだ。その一週間後には倍の二二四人の感染が東京で確認され、八月一日には、さらに倍以上、四七二人を記録する。発表される感染者数の大きさに比例して、街から人の姿が減っていくのが、フロントガラスの向こうに、それこそ手にとるように見えた。西山は、発表される数字に左右される都心を敬遠し、休業明けからは、地元、板橋区内での営業に徹していた。合理主義だの効率だのと言ってられない状況下での日勤だが、それでも、日々の水揚げは税抜きで二万五〇〇〇円前後を確保している。コロナ不況のなか、都心を避けてのこの数字は並みの松にできる芸当ではない。

この日までに確認されている感染者は七万八〇〇〇人。こんな状態がいつまで続くのか、と思う。銀座に活気が戻るのはどれくらい先なのだろうか、と。訪日外国人が戻ってくるのはずいぶん先になりそうだ。九月一八日の時点で、アメリカでは六六〇万人が感染し一九万人以上が亡くなっている。インドが五〇〇万人、ブラジルでは四五〇万人近くが感染し、イギリス、フランスでは三六万人以上、世界中で三〇〇〇万人以上が新型コロナウイルスに感染し九四万人が亡くなっている。日ごとの上積みは二〇万人超え、それが常態化している。

『コメダ珈琲店』は北光からだとクルマで五分の距離にある。九月一四日、日勤を終えた半袖短パン姿の西山伸一は、ソーシャルディスタンスと記された張り紙で半分の席をつぶした四人掛けのテーブルにつき、いつもと同じくアイスコーヒーを注文した。

「抜きで二万六〇〇〇円でした」

今日の税抜きの水揚げを告げた彼は、評論家のように株価の怪を口にし、都内や国内外の感染者数をそらで言い並べ、延期された東京オリンピックの実現に疑問符をつけた。一年先の不安など微塵も感じさせないその話しっぷりは他人事でも語っているかのようだ。自信の表れなのか揺らぎの裏返しなのか、それとも、冷徹な判断は彼の常なのだろうか。いずれにしても、降って湧いたコロナ禍は、彼の、間近に迫った〝一〇年後の個人タクシー〟計画に少なからずの影響をおよぼしているはずなのに。

「大丈夫です」と、童顔の笑顔で西山伸一は言った。

「状況がどうでも、個人タクシーやりますから」

東京オリンピック・パラリンピックが二〇二一年に実現するとして、一大イベントが幕を閉じた二か月後、個人タクシーの免許取得のための試験が彼を待つ。それに合格すれば、開業は二〇二二年一月だ。

あとがき

タクシー運転手の物語を書きたかったわけではない。

交通事故が激減傾向を示しはじめていたというのに、タクシーの事故だけが多発していた二〇〇七年、走行距離一億キロあたりの事故件数をみると、タクシーの事故は、全自動車事故の二倍もあった。タクシー業の規制緩和を目的として二〇〇二年に施行された改正道路運送法の影響が大だった。規制緩和でタクシーの数が増え続けたあげくの過当競争、そこに長期の景気低迷が重なって、タクシーをめぐる状況は「事故多発」と「収入減」、それが悪化の一途を辿っていたのである。その実態を知るには自分がタクシー運転手になってしまうのが手っとり早い。そう考え、京都に舞い戻って古巣のタクシー会社に就職し、学生時代以来だから三十数年ぶりに、半年間だけではあったけれど再びタクシー運転手をやってみた。バブル崩壊後の、景気上昇の兆しがいっこうに見えてこない二〇〇八年のことだった（月刊誌に体験記を書き、余談は観光情報として『タクシー運転手が教える　秘密の京都』〔文藝春秋〕に書いた）。

タクシー運転手として京都市内を走るのは〝毎日が京都観光〟だった。そして、街や寺社の風景を眺めながら走る私の目に、同時に映っていたのが〝時代〟だった。振り返ってみれば、三十数年前も、突如としてわき起こったオイルショックの只中で、抗いようもない日々を送ったものだ。そこに思いが至ったとき、車窓に映る〝時代〟を、少しばかり大袈裟な言いようをすれば、タクシー運転手の目を通して眺めた日本（の断片）を書きたくなったわけである。

本書の五人の主人公（追章を含めれば六人）が、タクシー運転手であるのは便宜上の姿である。タクシー運転手の視線の先にはいつも時代が映っているが、彼らは、時代に翻弄される市井の人々の代表である。「タクシー運転手」を、中小企業の経営者に置き換えていい。個人事業主や商店主、会社員に置き換えて読むこともできる。そんな思いを込めて立てた五人のタクシー運転手である（すべて仮名。四章から登場した山中修は、実在する三人のタクシー運転手のエピソードを合わせて造り上げた架空の人物）。

四章まで書き上げたところで、本原稿は、新型コロナウイルス感染拡大の余波を受けて宙に浮いてしまい、いったんは行き場を失っていました。事情を理解し『いつも鏡を見てる』として出版を実現させてくださった、集英社ノンフィクション編集部の宮崎幸二さんに、ここであらためてお礼を申し上げます。

本書を書くにあたっては、何社ものタクシー会社や関連する多くの方々にご協力をいただきました。また、武藤雅孝社長をはじめとする北光自動車交通のみなさまには長期にわたっての取材協力をいただきました。あわせて深く感謝申し上げます。

二〇二〇年一一月一〇日

矢貫　隆

〈参考文献〉

『インフレ・物価抑制緊急対策に関する質問趣意書』（衆議院・一九七三年六月二一日）
『インフレ・物価抑制緊急対策に関する質問に対する答弁書』（衆議院・一九七三年六月二九日）
『新撰組始末記』（子母澤寛・新人物文庫）
『激動の50年』（京聯自動車労働組合）
『時代を走る』（弥栄自動車労働組合）
『ヤサカ　50年のあゆみ』（弥栄自動車株式会社）
『石油を支配する者』（瀬木耿太郎・岩波新書）
『血と砂と祈り』（村松剛・日本工業新聞社）
『朝日クロニクル　週刊20世紀』（三〇～三二号、朝日新聞社）
『文藝春秋』（一九七四年一一月号）　田中角栄研究　その金脈と人脈
『文藝春秋』（二〇一五年九月号）　日銀が招いた「狂乱物価」と「失われた十年」
『週刊文春』（文藝春秋・一九七四年三月四日号）
『石油便覧』（JXエネルギー）
『日本銀行百年史　第6巻』（日本銀行）
『バブル／デフレ期の日本経済と経済政策　第1巻』（内閣府　経済社会総合研究所）
『物価安定政策の展開』（米里恕　大蔵財務協会）
『中央公論』（一九八六年九月号）　雑兵の乱いまだ終わらず
『都市計画基本図』『精密住宅地図』（昭和四八年度版、昭和四九年度版・京都市）
『タクシー事業の労務管理マニュアル』（山田孝一・労働調査会）
『いなか暮らしの本』（宝島社・二〇一四年二月号）
『さよならニッポン農業』（神門善久・NHK出版）
『日本の農業』（原剛・岩波新書）
『農協の基礎知識』（全国協同出版）
『農協との「30年戦争」』（岡本重明・文春新書）
『農林金融』（農林中金総合研究所）
『景気とは何だろうか』（山家悠紀夫・岩波新書）
『交通統計』（公益財団法人　交通事故総合分析センター）
『自動車運送事業に係る交通事故対策検討会報告新書』（国土交通省）
『乗務員教本』（中央無線タクシー協同組合）
『地理試験問題例集』（公益財団法人　東京タクシーセンター）
『都内交通案内地図』（公益財団法人　東京タクシーセンター）
『複合不況』（宮崎義一・中公新書）
『東京のタクシー』一九九三・二〇〇九・二〇一三
『朝日新聞』『読売新聞』『毎日新聞』『東京新聞』『日本経済新聞』『京都新聞』『デイリースポーツ』『日刊スポーツ』『日刊工業新聞』『日本農業新聞』『大分合同新聞』『東京交通新聞』

カバーイラスト　真々田ことり
ブックデザイン　アルビレオ
校正　鷗来堂
編集　宮崎幸二

矢貫 隆
Takashi Yanuki

ノンフィクション作家。1951年生まれ。龍谷大学経営学部卒業。長距離トラック運転手、タクシードライバーなど多数の職業を経て、フリーライターとして『週刊プレイボーイ』などで活躍。その後ノンフィクション作家に。『救えたはずの生命――救命救急センターの10000時間』(小学館文庫)『通信簿はオール１』(洋泉社)『自殺―生き残りの証言』『交通殺人』『クイールを育てた訓練士』『潜入ルポ 東京タクシー運転手』(すべて文藝春秋)など著書多数。

いつも鏡《かがみ》を見《み》てる

2020年12月9日　第1刷発行

著　者　矢貫《やぬき》 隆《たかし》
発行者　樋口尚也
発行所　株式会社 集英社
〒101-8050 東京都千代田区一ツ橋2-5-10
電話　編集部 03-3230-6143
読者係 03-3230-6080
販売部 03-3230-6393(書店専用)
印刷所　大日本印刷株式会社
製本所　ナショナル製本協同組合

ISBN978-4-08-788049-6　C0095